敏感な子どもへの伝え方・距離感・接し方がわかる!

「子ども繊細さん」への声かけ

HSP専門心理カウンセラー
時田ひさ子

SB Creative

はじめに

「HSP」という言葉が、近年一般の方にも知られてきました。あなたは、ご存じでしょうか？

詳しくは後ほど解説しますが、HSPとは、「Highly Sensitive Person」の略称です。つまり、**ひといちばい敏感で繊細な特性を持っている人**ということです。「発達障害」は市民権を得て久しいですが、HSPは発達障害ではありませんし、そもそも**障害ではありません。特性であり、その人の個性**です。

そして本書は、そうした個性を持つ子ども、**HSC（Highly Sensitive Child）**についての書籍です。

本書を手に取ってくださったあなたは、ひといちばい敏感で繊細な子どもを心配し、不安を抱え、どうにか子どもをサポートしてあげたいと思われているでしょうか。それとも、自分の子どもがHSCなのか、発達障害なのかわからず、だからこそどうしてあげればいいいのかもわからないために本書を手に取ったのでしょうか。もしくは、HSCのわが子に対してどう接していけばいいのか、その答えを本書に探しているのかもしれませんね。

実は私自身、HSPであり、同時にHSCの気質がある子どもを育てる親です。やはり彼らが思春期頃までは育児にとても悩み、不安やストレスもどんどん募り、しかしどうするのが適切なのかもわからず、途方に暮れていました。

そのうち、子どもよりもまず自分の内にある心理について知る必要があるのではないかと思い至り、心理学を学びはじめました。そして、アーロン博士が提唱した「HSP」「HSC」について知ったことをきっかけに、HSP専門のカウンセラーになりました。

だからこそ、皆さんと同じ視点から、こうした不安や心配に対する一つの選択肢をご提示できるのではないか、少しでも皆さんの助けになればと思い、今回筆をとりました。

私たち大人はHSCにどう向き合っていけるのか？

私たち大人は、敏感で繊細な性質を持っていたとしても、今までの経験からどう対処すればいいのかを導き出すことができます。

しかし子どもは、そう簡単にはいきません。

本書は、**4歳頃から10歳頃、**つまり**小学校に入学する前から小学生低学年頃までの子どもを対象**にして解説をしています。10年に満たない人生経験で、自分の気持ちを理解することも言葉にするのも難しい彼らにとって、心情や特性に対応していくというのは無理な話でしょう。

だからこそ、子どもには私たち大人のサポートが必要なのです。

サポートと言っても忘れてはいけないのが、HSCは「ひといちばい敏感で繊細」な特性を持つ子どもであるということです。彼らには、**親の過干渉が逆効果になる**場合があるのです。しかし、もちろんですが子どもとの信頼関係は築かなければなりません。そうなると、「具体的にどうすればいいの?」と、距離感や実際の対応に悩んでしまいますよね。

そのため本書では、HSCをコントロールしようとするのではなく、

・彼らの特性や〝敏感さ、繊細さ〟が見えたときの「声かけ」

・ストレスを子どもが自分で回避できるような「生きづらさを軽減する」サポート方法
・彼らの個性と才能を伸ばし、少しでも「生きやすくなる」手助けをする方法
を解説します。

ただし、「声かけ」の本ではありますが、**本書の目的は、あなたが「HSCの特性を理解して」適切な声かけやサポートができるようになること**です。彼らの特性や個性を理解しないまま、フォーマット化された定型文を言うことを目指してはいません。
なぜなら、子どもは成長するにつれて認知機能が変化していくからです。幼少期は褒めることが彼らの支えになっていても、10歳にもなれば煩わしく感じるようになります。親の反応に敏感なHSCでは顕著でしょう。
そのため、解説部分も少し多くなりますが、必要な箇所を読んでいただければと思います。

本書は、「このままでうちの子は大丈夫だろうか」「生きづらさを少しでも軽くする手助けができないか」「繊細な子どもに対する声かけを知りたい」と思っているあなたのため

に作りました。

「敏感で繊細な子」は、**「感性が豊かで人に寄り添える子」**です。素敵な子どもの個性を、「変わった子」として孤立させないためのお守りにしてください。

私自身がＨＳＰであることに加え、ＨＳＣの子どもを育ててきた経験における、どうしようもない失敗や後悔、成功体験などを皆さまにお伝えすることで、本書がＨＳＣへの理解やサポートの一助になることを願ってやみません。

CONTENTS

第2章 繊細な子どもの生きづらさを軽くする声かけ

第3章 子ども繊細さんにそっと「提案」するストレス回避の声かけ

第4章

子ども繊細さんが「繊細なままで」生きやすくするサポート

第1章

うちの子、敏感でなんだかしんどそう……それ、「子ども繊細さん」かもしれません

カウンセリング 1

うちの子、ちょっと繊細すぎるんじゃないかと思って……

小学生のお子さんを持つ母親のミキさん（仮名）から、子どもがクラスになかなかなじめず、学校に行きたがらないと相談がありました。お子さんは慎重かつ引っ込み思案な性格で、他の子とうまく遊べません。感受性が強く、アニメを見て共感しすぎたり、自分だけの空想の世界で遊んだりすることもしょっちゅう。また、決められた時間までにたくさんのことをやらなければならないときには、立ち止まって動かなくなると言います。

ミキさんはそうした子どもの反応に対して不安になりました。自分や周りの人に比べて、とても敏感で繊細に感じたからです。そしてミキさんはネットで検索し、いろいろな情報から、子どもがＨＳＣなのではないかと考えました。

学校での問題もあったためカウンセラーに相談したのですが、「お子さんの話をこういう風に聞いてあげましょう・こう声かけしてあげましょう」という具体的なアドバイスはなく、今直面している問題をどう解決していいか、結局わからなかったそうです。

私のカウンセリングには、このように子育てに悩む親御さんがたくさんいらっしゃいます。これまでに寄せられたお悩みを、次にいくつか挙げてみましょう。

- 「うちの子はすぐに落ち込んだり傷ついたりします。『なんでそんなことで？』と、理解できません」
- 「周囲の人の顔色をうかがってばかりのわが子を見ると、どうしてもイライラしてしまいます。もっと自分の意見を言ってほしいと思うんですが……」
- 「学校から帰ると、ぐったりしています。しばらく一人でいないと気持ちが落ち着かないようです。これって普通のことですか？」
- 「すぐに動揺して動けなくなってしまう子どもを見ると、周りの目が気になって親の自分がすごく焦ります。おおらかな子育てをしたいと思っているのに……」
- 「『足で踏んだらお花が痛いから、そーっと歩いているの』と話す子ども。微笑ましいし、優しいのはいいことですが、優しすぎて大丈夫かと心配になります」

「同じ悩みを抱えている」と思われましたか？　これらの、周囲になじめなかったり、些細なことで大きなストレスを感じてしまったりする反応は、あなたのお子さんだけではありません。

とはいえ、こうしたわが子を見て、「なぜこんなに繊細なんだろう」「ちゃんと生きていけるだろうか」と不安に思うのも仕方のないことです。子どもが低学年の頃には私も感じていました。

こうした悩みを持つ親御さんには、まず子どもへの具体的な声のかけ方についてお話ししながら、お子さんの特性を理解してもらうようにしています。

そして、先ほどご紹介したカウンセリングのミキさんには、具体的な取り組みとして**「まずはお子さんの言葉を、オウム返ししてみましょう」とお伝えしました**。

例えば、悲しいアニメを見て共感しすぎて泣いてしまったら、背中をさすりながら「気持ちがわかるから悲しいんだね、泣きたいんだね」。電車の中で変な臭いがしてイヤと言うなら、「そうなんだ、イヤなんだね」と返します。

しかし、「お腹が痛い」と言う子どもにオウム返しの真逆である「また？」「なんで？」「嘘ついてるんじゃないの？」などと返したらどうでしょう？　子どもは「お父さんやお母さんに話してもムダなんだ」「どうせ言っても理解してもらえない」と思うようになっていきます。大切なことや子どもだけで解決できないこともあなたに相談してくれなくなり、段々と一人で抱え込んでしまうようになります。

話さない子を前に、あなた自身も不安になったり子どもにイライラしたりして、家族のコミュニケーションが滞り、親子関係は悪化していってしまうかもしれません。

あなたの不安な気持ちも、子どもの反応を理解できず怒ってしまう気持ちも、本当によくわかります。私は実際に自分の不安と怒りを制御できず、子どもに対して自分でも驚くほど、怒ってしまった経験があります。そんな私の実体験からたしかに言えることは、**何か感じてもぐっと飲み込んで、まずは子どもの話を受け止めることが大切**であるということです。

「そうなんだね」と聞き入れることで、子どもはだんだんと**「親は自分を受け入れてくれる」「どんなに困っても親は味方だ」**と感じることができ、**親子の間に信頼関係が生まれていく**のです。子育てには何よりも、親子間の信頼関係の構築が基盤として不可欠なのです。

「うちの子、ちょっとしんどそうだな」と思ったらチェック！　ＨＳＣ診断テスト

「うちの子はどうも他の子と違うように思う」と感じる親御さんは、インターネットで検索したり子育て本を読んだりして、しんどそうな子どもの様子の理由を探ろうとすることでしょう。そして、発達障害や愛着障害、小児うつ病、はたまた自分が強いストレスを与えているのではないかなど、さまざまな可能性を考えて悩まれているのではないでしょうか。

ＨＳＣというのは、医師や心理士（師）に相談しても、「ＨＳＣかもしれない」とは言われるかもしれませんが、診断されることは一般的にはありません。というのも、実際には**医師が「ＨＳＣである」と診断をするのは難しい**という現状があるからです。

うちの子は発達障害？　それともHSC？

実は、発達障害の子どもとHSCの違いはまだよくわかっておらず、医学的にHSCという診断基準は存在していません。そのうえ、幼少期は特に区別がつきづらいと言えます。HSPについての研究は世界中で行われてはいますが、医学や心理学では浸透していないという現状にあります。

具体的なHSCとADHDの違いをご説明すると、HSCは刺激が多い場所で落ち着きを失うことがあるものの、刺激が少ない慣れた場所（自宅など）では落ち着いて集中することができます。そのため「**ADHDとの違いを判断する目安は、刺激の少ない場所での様子を見るとよい**」と、アーロン博士は著書『Psychotherapy and the Highly Sensitive Person』(Routledge）の中で述べています。

個性であり特性！「診断」はしても「区別」はしないで

お子さんがＨＳＣだとしたら、特性に合った対応をしていただきたいので、「他の子とちょっと違うかもしれない」「うちの子、なんだかつらそうだな」と感じたら、次のテストを試してみてください。

ただし、**「ＨＳＣ」は障害でも病気でもなく特性**です。たとえ次のチェックテストによってＨＳＣの傾向にあるという診断結果が出たとしても、何も気に病むことはありません。決してネガティブなことではなく、あなたにもある**個性**なのです。そして、**長所**でもあります。そうした認識のうえで診断してみてください。

また、もしこの診断結果を大きく、そしてネガティブにとらえてしまうかもしれないと思われる方は、**無理に診断をする必要もありません**。「ＨＳＣの傾向にある」という診断により、「そうか、そういう特性であり、子どもの大切な個性なのだ」と理解でき、ご自身の不安や心配を整理する、そして子育てに向き合う助けになると思った場合に、ぜひ活用してみてください。

さて、このテストは、だいたい**10歳以下のお子さんを対象**に作成しています。親御さんの目から見て、子どもがチェックリストに当てはまるかどうかを直観的に見てください。**該当する項目が12個以上あるならば、HSCの可能性があります。**

〈HSC診断テスト〉

Q1 発泡スチロールの擦れる音を極端に嫌がる
Q2 びっくりしたときのリアクションが大きい
Q3 人に優しい
Q4 親の考えを先読みする
Q5 学校や幼稚園から帰ると、しばらく一人でいたがる
Q6 独特のユーモアのセンスがある
Q7 わが子が心底感動しているときの表情を、大人のあなたが思い浮かべられる
Q8 周囲や他人の変化にパッと気がつく

Q9　嬉しいことがあるとなかなか寝つけない
Q10　答えるのに困るような根本的な質問をしてくる
Q11　なんでも無邪気に言う子どもではない
Q12　他人の表情に敏感である
Q13　一人で静かに遊びに集中する
Q14　うるさいと不快な顔をする
Q15　怖がりである
Q16　年齢の割には知っている言葉が多い
Q17　服の素材に好き嫌いが激しい
Q18　新しい集団に入っていくことに大きな不安を抱えがち
Q19　空腹になるとすぐに食べたがる
Q20　一人で目立つ行動をするとき、イキイキとはしていない

いかがでしたか？
他にも、私はカウンセリングでＨＳＣの次のような言動を聞いたことがあります。

- 「自分はこの本を面白いと思うけど、友達はどうかわからないから怖くて貸せない」と話す
- お父さんやお母さんの、大人同士の話をよく聞いている
- 空想や本の世界への感情移入が激しい
- 美しいものに心酔する
- 幼稚園や小学校に入った後、かなりの期間なじめない
- 3つ以上のことを同時に言われると、パニックを起こして止まってしまう
- 「このお花、今日咲いたばかりなの」のように、花や木にうっとりする
- 注射など痛みを感じるものを極端に怖がる
- 慎重に考える。そのうえで実行しないことも多い
- 動物や人形、ぬいぐるみなどとうまくコミュニケーションを取る
- 電車やバスなど公共交通機関の場の匂いに敏感で、すぐに「臭い」という顔をする

いずれもHSCの特徴がよく表れた言動や反応と言えますが、忘れてはいけないのは、

HSCだからといって同じように表れるわけではなく、グラデーションがあるということです。

「HSCか非HSCか」という二択ではなく、HSCの傾向が強く表面化する子もいれば、それほど表面化しない子どももいます。

例えば、服のタグを嫌がるのに暑さには平気だったり、痛いのが苦手なのに絆創膏や包帯は嫌がらなかったり、とても人見知りだけれど一度顔を合わせていれば二回目以降はすんなりとやり取りし始める子もいます。反対に、二度目のほうが緊張してしまう子や、一人遊びが得意で一人の時間が必要だけれど、匂いや光には特に敏感でないように見える子もいます。HSC特性という共通原因があっても、その反応はさまざまなのです。

HSCにもさまざまな子がいる

「子ども繊細さん」は5人に1人以上いる！

セルフチェックをしていただいたところで、HSCとはどのような特性を持つ子どもなのか解説したいと思います。

「子どもの中に、ひときわ敏感で繊細な子がいる」と知られ始めたのは、2002年にアーロン博士が『The Highly Sensitive Child』（Harmony）を出版したのがはじまりです。日本においては武田友紀氏の著書『「繊細さん」の本』（飛鳥新社）が出版された2018年頃からHSPやHSCの認知が広まり、芸能人やインフルエンサーが「自分もHSPだ」と打ち明けて話題になりました。

この、「ひといちばい敏感である」という特性を持つHSCは、**5人に1人の割合で世**

界に存在するといわれていますが、これは主にアーロン博士のデータがベースになっており、アメリカで算出されたものです。

しかしアメリカは移民の国で、一説によるとヨーロッパに定住していた人のうち、リスクの高い冒険を好まないＨＳＰはヨーロッパからアメリカに渡り、荒野やネイティブアメリカンと戦うという選択をしませんでした。そのため、多くのＨＳＰはヨーロッパに留まったのだと言う研究者もいます。

日本人も一般的に慎重で繊細な傾向があるので、ＨＳＣやＨＳＰの割合はもっと高いのかもしれません。

彼らの特性と「感じ方・考え方のくせ」を知ることが重要

先に紹介した通り、ＨＳＣは感受性が高いので、他の子どもが感動しないようなところで大きく感情を揺さぶられたり、空想にふけって自分の世界の中にこもって遊んだり、他の人に見られると過度に緊張してしまうなど、特性からくる独特の反応があり、周囲に違和感を抱かせてしまうことがあります。

周りの子どもたちと同じ波に乗っていけず、「変わった子」だと見られて**社会の枠組みにうまくなじめずにいづらくなる**と、だんだん「園や学校に行きたくない」と言い出すかもしれません。こうなると、親は慌てますよね。

不登校の小中学生は、10年前と比べておよそ2・65倍に膨れ上がっています（文部科学省「令和4年度児童生徒の問題行動・不登校等生徒指導上の諸課題に関する調査結果」より）。不登校の理由はさまざまですし、社会の不登校に対する認識も刻々と変わってきています。

以前は、「学校に行かない・行きたくない」と言葉にすることは大変な重みをもっていましたが、近年では、学校の体制や環境が合わずにつらい思いをするくらいならば「学校に行かなくてもいいよ」という選択をするようにもなってきています。

とはいえ、子どもには社会的な適性を身につけてほしいと思うのが親心でしょう。そのためにも、違和感を抱かせるようなHSCの反応や行動の根底にある**「感じ方・考え方のくせ」を知っておくことが重要**です。彼らに対する認識をより深めていけば、HSCが周囲から違和感を抱かせるような行動を起こしたときも、どのように接して声かけをするのが最適なのかを、根拠をもって考えられるでしょう。

そして、その特性は、**彼らの長所であり、強みになり得る**と知っておいていただきたいのです。

HSCが持つ4つの性質「DOES（ダズ）」

それでは早速、HSCの4つの性質を紹介します。

- D（Depth）＝深く考える
- O（Overstimulation）＝刺激を過剰に受けてしまう
- E（Empathy & Emotional）＝共感力があり、感情が豊か
- S（Subtlety）＝小さな刺激でも察知する

D＝深く考える

Dの特徴

HSCは、人よりも多くのことを感じ取ったり気になったりします。**受け取った情報の処理が深くて細かい**のです。そのため、物事を決めるのに時間がかかったり、なかなか取り掛かれなかったりします。

例えば、親から「今日のデザートは○○だよ」と言われたとき、「兄弟で分けるのかな？」「うまく分けられなくて、ケンカになったらどうしよう」「おいしくないかもしれない」「酸っぱい味がしてイヤな顔をしたら、お父さんやお母さんは悲しむかな」などといろいろと連想して、場合によってはそこからさらに、前に同じものを食べたときのことと比較します。そのため、**動作が一歩遅れて、遠慮がち・慎重すぎて気が小さい**などのように見られるかもしれません。

深く考えないようにすればいいと思っても、**「深く考えないようにする」ということは、**

HSCにはできません。それがもともとの性質だからです。

ところが一般社会というのは、残り8割の人に適合するようにつくられています。そのためHSCは、この8割が了解している〝社会の常識〟に合わせるようにすることを心がけながら成長していきます。「はみ出しちゃいけない」「合わせなきゃいけない」と決めてもがきながら、社会に適合するよう努力します。さまざまな場面で適合化を行っているのです。

だから周囲の人は、**「そんな些細なこと、気にしなければいいじゃない」と言うべきではありません。**こうした言葉は、8割の人のための社会に合わせようと努力するHSCを、実は余計に追い詰めてしまうからです。

HSCは、そうでない人たちよりも、**世の中のことを広く深く感じ取っている**のですね。HSCと非HSCの違いは、次ページの図1のように表すことができます。

【図1】

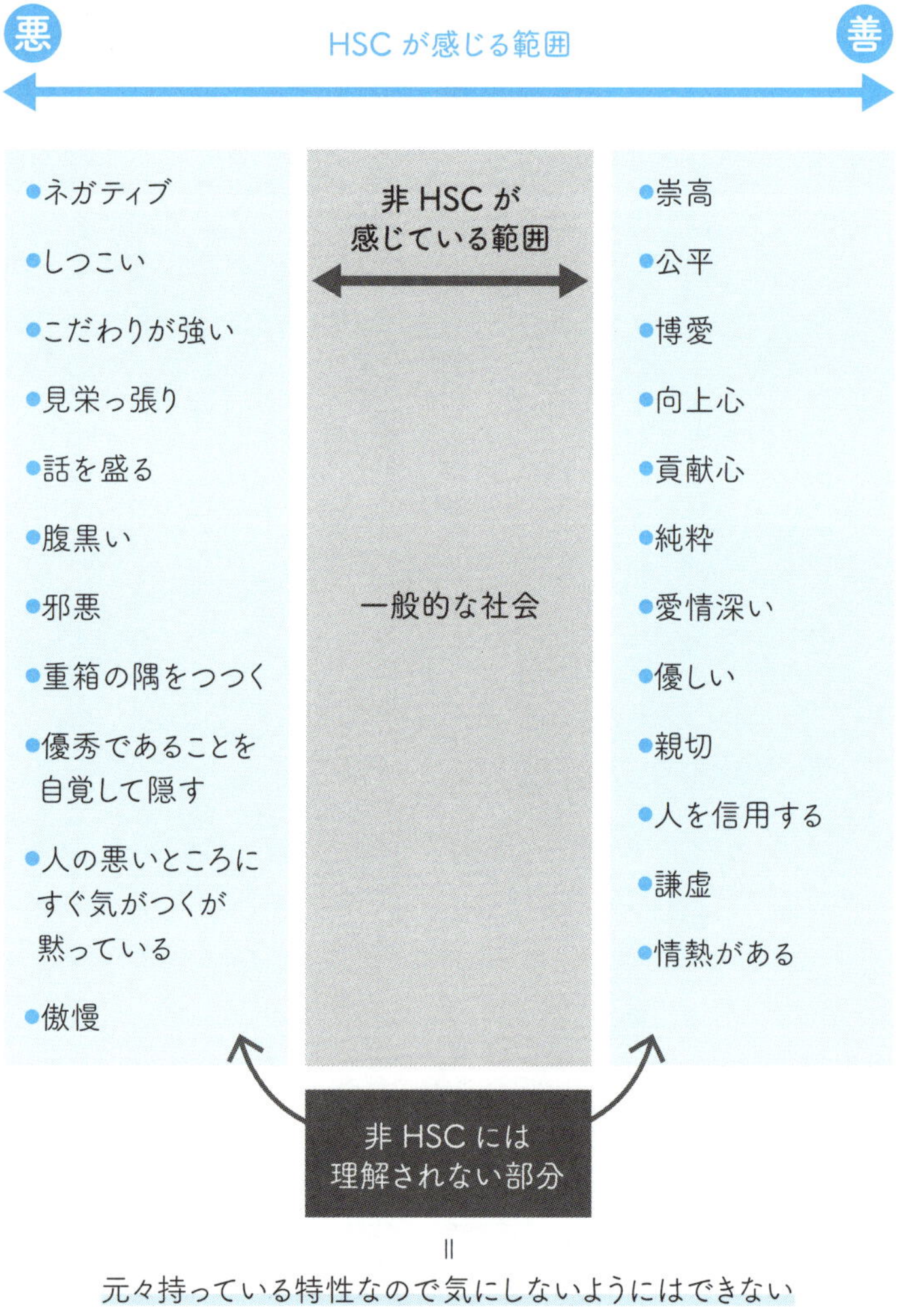
悪
HSCが感じる範囲
善
●ネガティブ
●しつこい
●こだわりが強い
●見栄っ張り
●話を盛る
●腹黒い
●邪悪
●重箱の隅をつつく
●優秀であることを自覚して隠す
●人の悪いところにすぐ気がつくが黙っている
●傲慢
非HSCが感じている範囲
一般的な社会
●崇高
●公平
●博愛
●向上心
●貢献心
●純粋
●愛情深い
●優しい
●親切
●人を信用する
●謙虚
●情熱がある
非HSCには理解されない部分
＝
元々持っている特性なので気にしないようにはできない

深く考える→先読みをするため、人に見られるだけで緊張する

HSCは**「深く考える」と同時に、先読みをします。**そして、ネガティブに認識して不安になりやすいのです。例えば、大勢の前に出ることになったとき、緊張や不安から、HSCは次のように考えるかもしれません。

「意外にダメな人だと思われたらイヤだな」「恥ずかしがっているのを見られないようにしなきゃ」「○○さんに見られたら、はしゃいでいるように思われるんだろうな」など。

自動的に考え始めてしまうのです。予定が近くなると不安が高まって、お腹が痛くなったり、朝から頭痛がしたり、喉の調子が悪くなったり皮膚炎になったりと、体調に表れる子も多いでしょう。中には逃げ出したり泣き出したりしてしまう子もいます。大勢の子に紛れられれば緊張感は高まりづらいのですが、一人の場合は、特に緊張してしまいます。人に見られることには特に苦手意識があるからです。

それと同時に、HSCには**周りの期待に一生懸命応えようという気持ちも大きい**ので、精一杯踏んばって頑張って頑張って、終わったら放心状態になるということもあるかもしれません。

深く考える↓思慮深く、洞察力がある

一方で、「深く考える」という特性から、**よく調べたり準備したりすることが得意**になる場合もあります。**洞察力がある**とも言えるでしょう。

この特性は、幼稚園（保育園）期から表れることも多く、**周囲の状況を察知し、先回りして動くことができます**。「先生からこれを求められているな」「次はこうだな」という周りの期待をパッと把握でき、思った通りにすると、「よく気がつく子だね」と褒められて嬉しくなるため、また先に気がついて喜んでもらおうと思うようになります。

また、大人びた発言をしたり、子どもとは思えないような深い思慮を見せたりします。自分が感じたり考えたりしていることを相手（親）にわかってもらいたいという思いも強いのだと思っておくとよいでしょう。

O＝刺激を過剰に受けてしまう

Oの特徴

生活の中にあるさまざまな刺激に対して、人よりも敏感に反応します。電車の大きな音

や雷の音、まぶしすぎる光、暑さや寒さ、チクチクする服、注射などに「怖い」「イヤだ」と訴えるのです。

例えば、非HSCがこれらの刺激を2か3ぐらいで受け取るとしたら、**HSCは10あるいは10以上の強い刺激ととらえてしまう**と考えるとわかりやすいでしょう。そのため、遠足や発表会などの前日に目が冴えて眠れなくなってしまったり、楽しいはずのピクニックでも、ぐったり疲れてしまったりというケースも多く見られます。

刺激を過剰に受ける→受けた刺激が他の問題に発展する場合がある

刺激に対して過剰に反応するという特性は、乳児期頃から表れます。そのため、赤ちゃんのときには、寝つきが悪かったり、ちょっとした物音で起きてしまったり、抱っこして寝かしつけても布団に降ろすと目を覚ます「背中スイッチ」がある子も多くいます。子どもがなかなか寝ないことを昔は「疳《かん》の虫が強い子ども」という言い方をしましたが、親が睡眠不足になりやすく、少し育てづらいと感じる親御さんもいるでしょう。

幼児期から小学生にかけては、外部の刺激に緊張する場面で食欲がなくなってしまったり、体調を崩して発熱したりお腹の調子が悪くなったりする場合もあります。

刺激を過剰に受ける↓些細なことにも心を動かされる豊かな感性がある

一方で、ちょっとしたことで「そんなに？」と周りが驚くほど圧倒的な感動をする場面にでくわすこともあります。

美しい風景や素晴らしい音楽はもちろん、小鳥の鳴き声や木々のざわめきにも、心から感動するのです。芸術作品は好みが分かれますが、他の子が**見ないような細かな部分に心を動かされます。**物語の中に入り込んでその世界を心から堪能するという楽しみ方もします。そのように、**世界のすべてを色鮮やかに感じ取れる**のは、ＨＳＣの特権です。

これが芸術的な才能を発揮することにつながる場合もありますし、感じたことを表現したいという欲求が出てくる子もいるでしょう。

Ｅ＝共感力が高く、感情が豊か

Ｅの特徴

共感力が高く感情が豊かで揺さぶられやすいので、涙もろかったりすぐに感動したりするという特徴です。

他人に親切にしたい、何かに貢献したいという思いを持っています。正義感が強く、弱い者をかばうことも多いかもしれません。周囲に配慮することができ、よく気がついて先回りして行動しますが、悲しいニュースを聞いただけで暗い気持ちになるなど心配なことも。

また、家族や友達はもちろん、初対面の人やすれ違った人、あるいは動物であっても、その気持ちがよくわかる様子を見せます。ちょっとしたことでお母さんがイライラしてしまったときでも、「あ、なんだか機嫌が悪そうだな」と**その気配を読み取ります。**「うちの子は親の顔色を見すぎていて心配」という親御さんがいらっしゃいますが、それはHSCの「E」の特性の表れかもしれません。

感情的になりやすい→集団生活にひといちばい「しんどさ」を感じる

感情的になりやすいということは、一方で、**他者の様子を見ることで不安や怖さを感じやすい**ということ。

成長に伴って家族以外の人と接触する機会が増えると、どんどん世界が広がり、友達や先生、周囲の人たちに声をかけられて嬉しくなったり悲しくなったり、感動したり不安になったりと、感情的にも広がりと深みを増すのがHSCなのです。そのため、HSCは集団生活において「ちょっとしんどいな」と感じる場面も増えるでしょう。

感情反応を起こして（いきなり泣くなど）、本人は注目されたくないと思っているのに反対に目立ってしまい、周りの子どもにいじられたりからかわれたりする体験をするHSCもいます。

ちなみに、子どもにこうした特性が強く見られる場合、学校の担任の先生には「うちの子はHSCなんです」「配慮してください」と指示的な言い方は避けましょう。それよりも、「少しこういう傾向がありますが、慎重なんです」「よく気がつきますが、心配性なところもあります」などと話して、子どもの慎重な側面をさりげなく知ってもらうほうが長期的に見て効果的です。

発達障害やHSCについて詳しい先生、そうでない先生とさまざまですし、集団教育の場面で個別に配慮してもらえる範囲は限られています。そのため、指示的にならず平常時から子どもの教育の専門家として一緒に見守ってもらい、話し合うという姿勢が大切です。

感情的になりやすい↓感受性が高く共感力がある

HSCは、**人と感情を共有できることにひといちばい喜びを感じます。**

また、感情に突き動かされるような熱い部分を心の中に持っていて、それが「何かを創りたい」という**創作意欲につながる**こともあります。**豊かな内面世界を持っていて、空想が大好き**という子も多いようです。芸術にも深く心を動かされます。

それが、大人には唐突に感じられることもあるかもしれませんが、「何やら思いついたんだな」「何か新しいことに燃え始めたんだな」と、一緒に面白がってあげられるとHSCは嬉しいですし、興味や体験を広げることにつながるでしょう。

S＝小さな刺激でも感じやすい

Sの特徴

小さな変化やかすかな刺激を敏感に感じ取ります。「お父さんからいつもと違う匂いがする」「お母さん髪切った？」「今日の卵焼きは味が違う」などと言って、大人を驚かせることも多いでしょう。

これは、刺激を感じるセンサーがとてもキメ細かいためです。ちょっとした変化を見逃すことがない、きわめてよくできたセンサーです。ただし大人からは、大したことでもないのにイヤイヤと拒否しているように見えることもあります。

ＨＳＣは、その敏感なセンサーからたくさんの信号を受け取って常に頭を働かせているので、疲れやすいです。

小さな刺激でも感じやすい→周囲に合わせて我慢する

保育園や幼稚園に入ったときは特に環境に適応しづらかったり、親と離れるときに泣き続けてしまったりして、慣れるのに時間がかかりがち。ただ、ＨＳＣは**周囲を見て合わせる力が強いので、「ここは我慢すべきなんだ」と行動をセーブする**ことができます。

しかし言い換えればそれは、子どもが親の前で平気なフリをすることが多いため、**親が子どものストレスを見逃してしまいやすい**ということです。

本書をお読みになっているあなたは、その点を不安だと感じているかもしれませんね。

小さな刺激でも感じやすい↓細かい変化を逃さずすぐに把握できる

その場のルールをすぐに察知し、波風を立てないように自分の行動をコントロールしたり、分をわきまえたりもするようになります。

また、直感が働くので少し先のことを予測できたり、人のことを気遣うことができたりします。1のことがわかれば10まではいかなくとも、いろんなことをすぐさま把握する能力が高いです。ただし、時にはその配慮やコントロールが過剰になることもあるので、親が気づいたときはさりげなくガス抜きをしてあげられるといいですね。

HSCの特性は「個性」でも「長所」でもある

ＨＳＣは物静かな子ばかりではない

ＨＳＣの特性はおわかりいただけたでしょうか。もしかすると、なんとなく物静かな子どもをイメージするかもしれませんね。

そうした方のために、もう少しだけＨＳＣについて説明させてください。

もちろん子どもの性格はさまざまで、ＨＳＣは特に、刺激が少ないときに集中力を発揮する物静かな面が注目されがちなのですが、アーロン博士によると、**ＨＳＣの中でも３割程度は好奇心が強く新しい刺激を求めます**。

この三割に該当するＨＳＣは好奇心が旺盛で、いろんなことに興味を持ち、常に新しい物事を体験したいと思うし、珍しいことが好きです。飽きっぽくて退屈しやすいとも言えます。これらを**「新規希求性」**と言いますが、こうした傾向が強い子どもを**「ＨＳＳ**

（High-Sensation Seeking）型」のHSCと考えます。

刺激が好きで好奇心旺盛と聞くと、HSCの物静かで敏感かつ慎重な特性と矛盾するように思えますが、新しい物事に直面したときでも深く考えたり感じたりするという点では変わりません。HSCの「DOES」の特性は持ち合わせているのです。つまり、傷つきやすいにもかかわらず、HSS型のHSCは好奇心を抑えられず、「見てみたい、やってみたい！」と飛び込んでいくのです。

HSCは、ある程度自由な環境で自分のやりたいことをやれるとイキイキする

こうした特性も一面で持ち合わせているので、HSCは、**注目を浴びすぎない刺激の少ない環境で、自由に制限なくやりたいことを深められるようにしてあげられるとよいです。**

旧ソビエト連邦の心理学者ヴィゴツキーが提唱した「発達の最近接領域」という概念があります。これは「自分だけでできること」と「まだ自分ではできないこと」の間に、**「一人ではできないけれど、外部の助けがあればできる領域」**があり、ここに教師や教育機関が働きかけると、子どもにとって効果的な成長や発達が促されるという説です。

ＨＳＣは、「なるほど、あなたはこう考えているんだね。じゃあこうやってみようか」と、自らの**考えや感じ方を理解、共感してもらったうえで適切な手を差し伸べられると、ぐんぐん力を伸ばせます**。学校で学ぶべきことだけでなく、ある程度自由な環境で興味のあることに触れて没入できると、楽しく習得していくでしょう。特に、その分野の専門家と接触できる場面があると、物事にのめり込み、突き詰める楽しさを味わうことができます。

そういう意味でも、自分のやりたいことをのびのびとできるような習い事をさせるのはおすすめです。

ＨＳＣに手出し口出しは逆効果！「親側のタブー」とは？

「自分に理解できないことへの否定」は親子関係を断絶する

ＨＳＣは、さまざまなことを「気にしない」ができません。

子どもが何かを話したとき、親が「えー、なんでそんなこと気にするの？」「またそんなこと言ってるの？」などとその子の感情を否定してしまうと、**子どもは自分を受け入れてもらえないと感じ、親子の心の絆がだんだんと切れていってしまいます**。つまり、自分が感じたことに対して否定的なリアクションをされ続けると、親子関係を築いていくことが困難になっていってしまうのです。

心理的な絆が切れてしまうことの恐ろしさは、子どもが親を信頼できなくなった結果、**本当に困ったときでも親にSOSを出さず、間違った選択肢を選びかねない**ところです。

インターネットやSNSなど、親世代には存在しなかった危険が現代には溢れていますが、子どもは自分だけの力で周りを頼らずに進んでいってしまう可能性が高まります。

「どうして相談してくれなかったの?」と後で言っても、信頼していない親に相談しないのは当然のことです。


また、親や周囲の大人にありのままの感情や考えを受容してもらえないことで、愛着障害になる可能性もあります。

愛着障害は将来の人間関係の構築を難しくするといわれ、恋愛や夫婦関係の相手とのコミュニケーションの質にも影響を及ぼします。


幼少期から親と健全な心理的絆や愛着を持つことは、子どものその後の人生の質にも大きく関わってくるのです。

それ、「過干渉」では？
10回に1回は口出しをやめてみる

現在は「褒めて育てる」が主流ですよね。それ以前は、「叱って育てる」のが普通でした。前の時代の反省から子育ての常識が大きく変わったのです。

親に叱られるというのは、すべての子どもにとって避けたい事態でしょう。特にＨＳＣは、大きな声で叱責されたり嫌みを言われたりするだけでなく、ちらりと見られたりいつもと違う声音《こわね》で話されたりと、「怒りを匂わされる」だけでも大きく動揺します。自分のここがいけなかったんじゃないか、あのとき言った言葉は間違いだったんじゃないか……とグルグル考えてどんどん傷ついてしまうので、叱る子育ては望ましくありません。

とはいえ、最近の風潮による「褒める子育て」が、全面的にＨＳＣにいいものであるとも言えません。

子どもを大切にするあまり、親が先回りしてやってあげたり助言したりする親御さんもたくさんいるのでしょうが、先に落ちている小石を拾ってやることで**子どもが痛みや失敗から学び、社会に適応していく機会が奪われる**ということを、忘れないようにしておきたいものです。

そして何より、HSCにとってこうした過干渉ともいえる対応は逆効果です。彼らには「自分の考え」や「自分のスペース」がしっかりとあり、大切にしています。それを壊すような対応をすると、HSCは親と距離を取るようになってしまいます。すると親子間のコミュニケーションなど、満足に取ることはできなくなりますよね。

特に親御さんがHSPの場合、子どもを見て「あっ！　このままにしておくと、傷ついて泣くだろうな」というのが手に取るようにわかります。すると、つい手出し口出ししたくなる……。私が実際にそうだったので、気持ちはすごくよくわかります。ただ、10回に1回ぐらい、先回りして手を貸すのを我慢してみませんか？

「お母さんは口にガムテープをします！」

私はかつて口出しをしすぎる親でした。「なんでおもちゃを片づけないの！」「早く宿題やりなさい！」「体操着を忘れないようにって言ったでしょ！」と、事あるごとにガミガミ言っていました。

怒りを抑えようとしてマンションの廊下に出て歩き回ったことは何度もあります。「このままじゃ子どもを殴ってしまう。この怒りをなんとかしなければ……」とウロウログルグル。もういいかなと家の玄関を開けるのですが、子どもたちは散らかった部屋で相変わらずわかっておらず、また廊下に出たこともありました。

生まれたときはあんなにかわいいと思ったわが子なのに、どうして怒ってしまうのだろう……と、自分を責め、ヒントを探りました。でも、どうしたら子どもに腹を立てずに話ができるのか全くわからないのです。多くの親御さんが思い悩むことだと思います。

そこで、子どもへの声のかけ方を知りたくてセミナーに通い、「まずは子どもの気持ちや考えを一旦受け止める。そして『見守っているよ』というメッセージを発する」という方法を学びました。

しかしそのときにはすでに、口うるさく言うことがくせのようになっていました。そこであるとき、物理的に口出しできないようにしてみようと、口にガムテープを貼ってみたのです。すると子どもたちは、驚いたことに自ら宿題をやり、次の日の用意もしていました。母があまりにも突拍子もない行動に出たので驚いていたはずですが、タイミングは遅れても、やるべきことはちゃんとやっていました。


少し強烈なやり方ではありましたが、その日見た子どもの様子には目から鱗でしたし、とても反省しました。自分がいかに不要な口出しをしていたのかに気づき、**何も言わなくても日常になんら支障がない**ことを発見したのです。

もちろん、言わないことで子どもが「ま、やらなくてもいいか」となるときもあります。しかしそれ以降は私のほうでも「それはやっておいたほうがいいんじゃないの？」と怒らずに声をかけることができるようになり、子どもも「そうだね」と素直に聞くように変わっていったのです。

怒りに任せたガミガミやカミナリは、どんな子どもも萎縮させてしまいます。HSCは親の顔色をうかがうため、なおさらです。HSCのわが子に、私自身がいかに負担をかけていたかを痛感した出来事でした。

良かれと思ったアドバイスが、子どもを傷つけることもある

親がHSPである場合、もう一つ気をつけたいことがあります。HSCのわが子を見て、**「自分がこうだから同じだろう」としたアドバイスが、子どもを苦しめてしまうことがある**のです。

親世代と子世代では、社会が大きく変化しています。親の価値観で「こんな場合はこうしなさいよ」と言っても、子どもの世界では全く的外れということも多くなってきています。

親が良かれと思って社会に適応できるようなルールを教えてあげても、かえって子どもが混乱する場合もあるということをわかっておくとよいでしょう。

しかもHSCは、親の顔色を見て過剰に適応するため、場の雰囲気を壊さないようにと自分を殺してしまいます。

親が子どもの考えを聞く姿勢がないと、HSCは「違う」と思ったとしても、そのことをお父さんやお母さんに言えなくなってしまいます。

やはり、親はまず子どもの話を聞くことが大切なのです。子どもに対して何か思っても、**「そうなんだ、あなたはそう感じているんだね」と、感じ方や考え方をそのまま一度受け止める態度が基本**と心得てください。

そのまま一度受け止める声かけ

HSCへの声かけ基本の構え！「そうか、そうなんだね」

HSCへの接し方の原則

私自身、3人の子どもを育てる中で、どう接していけばいいのか最初からわかっていたわけではありません。実際には試行錯誤の連続でした。真っ暗で光が差さない中、手探りの毎日でした。

そんな私にとって光となったのが、「子どもへの正しい接し方と声かけの方法を知る」ということだったのです。具体的な接し方や声かけの方法を解説する前に、ここでその方法の原則をご紹介します。

とてもシンプルですが、**「子どもの適切な行動に注目すると、その行動は増える」**という原則です。これは行動心理学に基づいた考え方で、**親が子どもに注目することが「報酬」や「ご褒美」として機能する**ためです。

「注目」というのは、子どもをただ褒めることではありません。子どもの言ったことに「そうだね」と頷くことや、ただその子を「見る」ということも含まれます。

すると明確に子どもたちの反応が変わっていくので、ぜひこの原則を念頭に置いて、本書を読み進めていってください。

「受け入れる」ことの重要性

どんなときも、まず「そうなんだね」と受け入れてあげることを忘れないでください。

これは、本書を通して一番重要なポイントになります。

子どもに対して「そうなんだね」と受け入れて感情を共有することは、**現状と子ども自身を受け止め肯定すること**です。

子どもを受け止めることは、その奥にある子どもの気持ちを引き出すことにもつながります。

「緊張しちゃうんだね……そうだよね。（間を空けて）それから……？」

「うーん、みんなに見られるのがイヤ」

「そっか、みんなに見られるのがイヤなんだね」

というように、子どもが発したことを**リピートしながら**「そう感じることを、私たちはわかっているよ」と**頷きます**。こうすることで子どもは、お父さんとお母さんがわかってくれているということが嬉しいと感じるでしょう。子どもの気持ちを受け止めていくだけで、子どもは落ち着きを取り戻し、自分で考えて決めて動けるようになります。そうすれば、親がなんでも手出し口出しをしてしまうという状況もだんだんとなくなっていくはずです。

そして、「みんなは自分のことをあんまり気にしていないかも」「頑張ったことを見てもらうのは楽しいかもしれない」と、現実に対する見方が自ずと変わる可能性もあります。

大切なのは、子どもをまず丸ごと受け入れて安心感を持たせたうえで、**「最終的にどの**

ように行動するかはあなた次第だよ」というメッセージを発するということ。こうすると親から子どもに信頼が伝わり、本人の心に少しずつ変化がもたらされていきます。「言うは易く、行うは難し」ではありますが、ぜひ心がけて接してあげてください。

「受け入れる」＝「すべて子どもの言う通りにする」ではない

とはいえ、社会的に躾《しつけ》をする必要があると思ったシーンでは、親としての責任をしっかりと果たすことも求められます。

「受け入れる」とは、決して「子どもの言うことをすべて聞き入れてその通りにする」ことではありません。「お母さんはこう思うけどな」と、**社会の常識を冷静に伝えていきます。**

「(お母さんはこう思うけど)最終的な選択はあなたがするのよ」と発しておくと、受け取った子どもは「もうお母さんは決めてくれないんだ」「自分で決めなくちゃいけないんだ」と、自立の扉を叩きます。そうやって、もがきながら大人になっていくわけです。

子どもを受け入れることと社会への適合を伝えることの両者のどちらをやればいいのか

迷うかもしれませんが、すべて成功させる必要はありません。原則を守れば、間違えてもいいのです。

HSC特有の失敗があっても、責めずに「なぜ？」と聞いてみる

日本には昔から、「我慢強いこと」が称賛される文化があります。「我慢しなさいね」という声かけは躾にも必要ですし、悪いことではないのですが、**HSCは何事も我慢しすぎてしまう傾向がある**ことは忘れないようにしたいものです。

例えばお腹が空いてしまったとき、周りの子が何も言わないのを見て「私も我慢しなくちゃ」とギュッと歯を食いしばって我慢するのですが、その我慢が沸点に達して家で爆発してしまったり、緊張が解けて泥のように眠ってしまったりします。しかも、寝てはいけない場面で居眠りしてしまう、我慢することに意識をフォーカスしすぎて大切な話を聞き漏らしてしまうというミスをすることもあります。

そのため親としては、眠ってしまった、話を聞き漏らしてしまったという失態そのもの

を気にするのではなく、**「どうしてそうしてしまったのかな？」という点に目を向けてください**。それも「受け入れて、そっと支える」ことにつながります。

理由を聞き出し、「そっか、お腹空いているのを我慢していたんだね」という**了解を伝えてあげる**と、子どもは安心します。そしてこうした対応は、**子ども自身が自分の性格を理解する支えになってあげられる**のです。

子どもは経験則からの「ストレス回避」ができない

子どもの頃には当事者だった私たちも、大人になって見えなくなってしまうものは、どうしたってありますよね。それは仕方のないことです。

でもだからこそ、私たち大人は、**「子どもの視点」に少し思いを寄せなくてはならない**のだと思います。

「なんでこんなこともできないの？」「なんでそんなことでいちいち躓《つまず》くの？」と、私たち大人は難なくできるようになったから、それをなぜできないのかわからず、つい怒ってしまうことがあります。そんなときこそ、考えてみてほしいのです。あなたが彼らと同じ年齢だった頃も、難なくそれができたかどうかを。

ＨＳＣの特性についても同じように考えられます。

ＨＳＣとＨＳＰ、つまり子ども繊細さんと大人繊細さんの違いはなんだと思いますか？

それは、**子ども繊細さんのほうが傷つく頻度が高く、その傷も深い**ということ。ＨＳＣは**外からの刺激に免疫がなく無防備であるため、影響を受けやすい**のです。


これには、人間の行動や思考のルールが関係しています。

心理学者ピアジェは、子どもは外界を認識するために**「シェマ（スキーマ構造）」**を獲得していくとしました。シェマとは、自分自身の行動や思考の枠組みのことです。

例えば、子どもが不安なときに手を伸ばしてお母さんの手を握ってみたら、優しく握り返してくれたとします。すると子どもは、「不安になったらお母さんの手を求めてもいいんだな」とわかり、「次も手を伸ばしてみよう」と考えられるようになります。このようにして、不安を軽減する方法を学び取り、社会に適応していけるようになるのです。

また、小学校に入ったばかりのＨＳＣが、授業中に見た映像で泣いてしまったとしましょう。びっくりした周囲の人から、「なんで泣いているの？」と聞かれたり、からかわれたりします。恥ずかしくなったこの子は、「学校で泣いてはいけないんだな」と学び、以降はぐっと我慢するようになりました。これが、シェマの修正です。

子どもは、このように不安を軽減する方法を学び取ってシェマのつくり替えを繰り返すことで、だんだんと社会に適応していくのです。

そして大人になると、「こういう場面はこうしておいたら賢い」「この場合はこう言っておけば大丈夫」というように、〝最適解〟がわかるようになります。社会的なルールを取り入れつつ修正を繰り返してきたので、「他と著しく異なる行動を取らない生き方」が身についていると言えます。ある程度自分を守ることができるのです。

しかし、子どもはまだルールを獲得できていません。泣いてしまった子どものように、驚かれたりからかわれたりして恥ずかしい思いをするなど、傷つく回数がとても多いのです。シェマのつくり替えには痛みを伴うことがありますが、その傷が深く、長く続きすぎるとトラウマになってしまいます。

「ちょっと変わった反応」は変えられる

HSCは持って生まれた気質により、外界のさまざまなことを敏感に感じ取ります。そして、それを**「気にしないようにする」ことが、根本的にはできません。**

私はかつて、固まってしまう子どもでした。わからないときや怖い場面に遭遇すると足がすくんで動けなくなってしまうのです。

しかし、こうした**ちょっと変わった反応は、少しずつ変えることができます。**「自分がどういう理由で、どんな反応をしているのか」を客観的に把握できるようになるからです。

恥ずかしがり屋で挨拶ができない子も、「挨拶したほうが楽しいな」「挨拶をして相手が笑ってくれると嬉しいな」と感じると挨拶をし始め、行動を変えていきます。

感動して泣く、すごく怖がる、恥ずかしがって挨拶できないなどの反応をよく見せる子どもに、「うちの子は、なんでこんなに変わった反応をしてしまうのだろう」と悩んでいる親御さんには、行動は変えられるので気持ちを楽にしてほしいと思っています。

こうしたHSCの「生きづらさ」を軽くするためのストレス回避方法については、第3章で解説します。

一つだけつけ加えさせていただきたいのは、**「生きづらさを回避するために子どもをストレスから親が守る」「子どものストレスを親が排除する」のではない**ということです。むしろこうした親の行動は、逆効果です。

生きづらさを回避する力を子ども本人がつけるために、親はどのように声かけをしていけばいいのかという視点を大切にしましょう。

そうしたことにフォーカスして、本書は進行していきます。

子どもを理解するために、まずは自分自身を理解する

子育てをしていると、自分自身の課題に直面する人もいるかもしれませんね。

子どもを支えるには、**親側の心が安定していることが大切**です。お子さんをきっかけに夫婦が抱えている問題が表面化する、自分の過去のトラウマを思い出して苦しくなる……そんな風につらい思いがつきまとうようでしたら、心療内科やカウンセリングにかかることをおすすめします。

もし、親御さんがＨＳＰの場合、気をつけていただきたいことがあります。

子育てはこれまで体験したことのない刺激に溢れています。ＨＳＰは子育てによって刺激を受けると気持ちが沈みすぎてしまったり、反対にテンションが上がりすぎたりするので、仕事量や家事の量が多すぎると心身のバランスを崩す傾向にあります。ＨＳＰの親は

特に、子育て中の**やるべきことの分量は少し減らし、余裕を持っておいたほうがいい**かもしれません。

また、何かあったとき、**自分の気持ちのケアができる時間の余裕がある**ことや、**相談できるママ友やカウンセラーがいる**というのも大事な考え方です。「自分は刺激を受けて苦しくなることがある」と理解し、それを前提にした環境にしておくと、心の安定を得やすいからです。

HSPでも非HSPでも、子育てにおいて親はいろいろと抱え込んでしまうもの。なかなか環境づくりも難しいと思いますが、適度にガス抜きやリフレッシュをしてくださいね。

そこで、子育てにおいてあなたがどんなことにこだわっているのかという、自分を知るワークを次のページで紹介します。簡単なので、ぜひやってみてください。

やってみよう！　自分と子どもを知るワーク

〈例：子どもが小学生の場合〉

① 「こういう小学生になってほしい」と思う、理想の子ども像を箇条書きで書いてみましょう

② 「こんな小学生にはなってほしくない」という、嫌な子ども像を箇条書きで書いてみましょう

③ 自分自身がどういう小学生だったかを書いてみましょう

④ ①と②で挙げた項目が、かつての自分に何％ぐらいあるかを考えて書いてみましょう

いかがでしょうか。自分の子ども時代を振り返ることはできたでしょうか。

ここで大切なのは、①に書いた**理想の子ども像と、かつての自分自身がどれだけ重なっているかを知る**ことなのです。おそらく多くの方が、こうあってほしいと願う理想の子ども像と、子ども時代の自分自身が少し違うことに気づかれると思います。

「自分はそうでなかったのに、子どもには理想を押しつけているかもしれない」と思うところがあったなら、このワークは成功です。

なぜ、特にHSPの親にこのようなワークをしていただきたいのかというと、**HSPの親は、非HSP・非HSCの家族とHSCの橋渡しができる存在**だからです。

例えば、非HSPのお父さんが「またお腹が痛いって言うの？　なんで？」とHSCの繊細さを理解できないことは、日常生活の中で多々あることです。そうしたとき、HSPのお母さんが「緊張する場面を想像すると、お腹が痛くなることもあるんだよ」と理解して受容し、お父さんに説明することができます。非HSCの兄弟姉妹にも、同様に橋渡しをしてあげられるでしょう。

子ども繊細さんがのびのびとできる「環境」づくり

HSCは「温かい肌の感覚」が好き

親子のコミュニケーションには、言葉によるコミュニケーションの他、**非言語コミュニケーション**もあります。ハグやタッチ、タッピング、抱っこや手つなぎなどもその一つ。HSCは割と、この非言語コミュニケーションを好みます。マッサージや耳かき、爪切りなどもそうしたコミュニケーションの一つなので、温かい肌の感覚や「大事にされている」と感じることもできます。

もし子どもが好むようであれば、こうした非言語コミュニケーションは積極的に試して親子の結びつきを深めてみてください。

ちなみにHSCには、ぬくもりの一部として、ぬいぐるみやおもちゃなどに強い愛着を示す子も多くいます。これは**「ライナスの毛布」**と同様の、愛着を示す対象で、自分の内的世界と外的世界を橋渡しする役割を持っています。もし何かに執着しすぎるとしても、発達の一つの段階なので、あまり心配しなくて大丈夫です。

子どもが一人でいられる空間と時間をつくる

わが子がHSCであっても、親が特別べったりと一緒にいる必要はありません。むしろ**HSCは、一人でいることも好みます。**ちょっと何かあると「誰にも見られたくない」と布団をかぶったり狭いところに座り込んだり、学校から帰ると一人になりたがったりすることはありませんか？

先ほど言ったことと矛盾するようで複雑に感じるかもしれませんが、**言葉でのコミュニ**

ケーションでも非言語コミュニケーションでも、ＨＳＣの感じていることや考えていることを「そうなんだね」と受け取り、子ども自身の空間を確保してあげられればグッドです。

数年前から「リビング学習」（親の目が届くリビングで勉強させること）がよいとされている風潮があります。雑音の中で勉強するため、集中力がつくとか、適度な緊張感と安心感があるなどメリットが大きいといわれているものです。

たしかに一定の効果はあるのかもしれませんが、ＨＳＣにとっては少し負担を感じる環境と言えます。なぜなら、**彼らには自分一人になれる空間や隠れられる場所が必要**だからです。

一人部屋があればベストですが、ない場合でも「視線」が遮られる部屋を作ってあげてください。つまり、**安心できるテリトリーを持たせてあげる**ということですね。

子どもが心を許せる大人と出会うことの効果

ＨＳＣは、勉強ができる子もいれば苦手な子もいます。もし学校の勉強に遅れが見られる場合、その子がわからない部分や躓いてしまう原因を丁寧に聞いてあげることが大切です。

親がさりげなく手を差し伸べてあげられればよいのですが、何かを教えるとなると、つい感情的になってしまうという人も多いでしょう。

そこで、**個別指導塾に通わせたり、家庭教師をつけたりする**のは悪くない選択です。小学校低学年から個別指導を受けるのはあまり一般的とは言えないですが、なんでも聞いてくれるお兄さんやお姉さんがいると、子どもはとても安心できるからです。

もちろん、勉強を教える先生でなくても構いません。それよりも、**学校であったことやちょっとした悩みも話せるような「味方」**を見つけられるといいでしょう。誰かと関わることによって少し楽になり、勉強が楽しくなる可能性もあります。勉強して得意科目ができると、自信もついてきます。

HSCにとって、話のわかる大人が側にいることの効果はとても大きいものです。おじいちゃんやおばあちゃんでもいいし、親戚や近所のお兄さん、お姉さんでも構いません。

私もHSCでしたが、家の中で昼間、床に横になったり階段に座って窓から差し込む光を見たりして、うっとりしていたことをよく覚えています。

こうしたことを理解してもらうのはなかなか難しいのですが、その話を聞いて「いいね、素敵だね」と言ってくれるおばあちゃんが私にはいました。そう言ってもらえると、**自分をわかってくれたという安心感が得られた**ものです。

このように、ちょっと変わったことでも**自分を否定せず、話を聞いてくれる人がそばにいる**というだけで、世の中を生きる安心感がHSCにもたらされます。この安心感が、HSCのストレスを軽減してくれる土台になるのです。

ストレス回避については第3章で具体的に紹介します。

習い事を試すときに覚えておきたいただ一つのこと

個別指導塾の話をしましたが、それだけに限らず、敏感で繊細であるという個性を活かして、本人がイキイキできるような習い事をさせたいという親御さんもいるでしょう。**子**

どもが「やりたい」と言うものは、できる範囲でぜひ試してあげてください。

その経験によって、社会に立ち向かう武器になりますし、何かができるということはその子の自信につながります。

私自身もかつて、空手、電子オルガン、ピアノ、水泳、英語、右脳教育、卓球、ドッジボール、学習塾……と、子どもにさまざまな習い事をさせていました。なぜなら、何に向いているのかを見極めたかったからです。しかし、子どもたちが成長した今、そうした習い事がどこにどう活きているのかはわかりません。そのため、無理のない範囲でやらせてあげられるといいでしょう。

HSCの習い事に関して気をつけていただきたいのは、子どもが「やめたい」と言ったときに、**「なんで？　自分でやりたいと言ったのだから、最後までやりなさいよ」と言うべきではない**ということです。

気持ちはわかります。つい言ってしまうのですよね……。でも、考えてみてください。子どもは子どもなりに、理由があってやめたいと言ってきます。そこを理由も聞かずに拒否してしまうと、「やっぱりお父さんやお母さんは話を聞いてくれない！」と心理的な絆にヒビが入りかねません。

やめたいと言われたら、**「なんでやめたいか聞いていい？」と言って理由を聞き出し、聞いた後に「そうなんだ、そういう理由でやめたいんだね」と一度受け止めてあげましょう。**もっともな理由があるかもしれないので、それを聞いたうえで改めてどうするか（すぐやめるのではなく○月までやってみると妥協案を出すなど）を話し合ってみると、よい結論に導かれるでしょう。

親自身の周囲との関わり方

多感なゆえに少し不思議な行動が見られたり、集団にうまくなじめなかったりすることもあるHSC。もしかしたらママ友や他の保護者、先生、ご自身の親や親戚などから、「どこか信頼できるところに相談してみたら？」「習い事を考え直したら？」とアドバイスを受けて、どうしたらいいか悩むこともあるかもしれません。

他人の気持ちを敏感に察知して周囲に合わせるHSCが、他の子や保護者に迷惑をかけることは考えづらいですが、何か言われたら笑ってお茶を濁すのも手です。あるいは、「何か迷惑かけちゃった?」「迷惑かけていたらごめんね」などと言えば、カドが立つことはないので、そのようにしてそっとその場を離れましょう。

もし、HSCの子どもを持っている人で同じように困っているのであれば、情報交換や相談ができる仲間として悩みを共有できるかもしれません。悩みを共有できる相手がいることは、大きな心の支えになるでしょう。

しかし一方で、ママ友や周囲の大人の中には、他人の子どもの行動に口を出すことを正義と考える人もいます。そういう人の発言はできるだけ聞き流し、なるべく関わるのを控えることをおすすめします。

では、HSC自身の兄弟姉妹には、どう接したり説明したりするとよいでしょうか。

もし兄弟姉妹もHSCである場合、それほど大きなトラブルは起こらないかもしれません。私の個人的な子育て経験としては、一人っ子が何人もいるような、各々がそれぞれの方向を向いて成長してくれる感じでした。

非HSCの兄弟姉妹は、HSCの子を「なんだかあいつはちょっと違う」「変わったやつだ」と思うことが多いかもしれません。そういうときに、親も非HSCの子どもに同調して「そうなんだよね」とHSCを批判してしまったら、HSCは悲しみ、味方を失って追い詰められてしまいます。

そのため、まずは親がHSCを受け入れて「ちょっと変わったところもあるけど、大目に見てよ」と、どんと構えておいていただきたいです。

理解を深めるためにカウンセリングや交流会、親塾も積極的に利用しよう

世の中は、当事者同士の「生」の声を聞いて理解を深められる場がたくさんあります。

一つには**似たような子どもを持つ親の交流会やワークショップ、勉強会に行く**ことが挙げられます。HSCの子どもを持つコミュニティに入り、**悩みを共有することは親にとって支えになる**はずです。

「この子はなんでこうなんだろう」「私の子どもだけなんで」「みんなこんなに大変な思いをしているんだろうか」「なんで他の人は普通にできているのに私だけできないんだろう」と、自分の家庭だけを見て不安や悩みを募らせることもありますよね。

しかし、HSCの長所やオリジナリティに溢れた感受性の高さを、目立たないように矯正してしまうと、せっかくの生来の長所を摘んでしまうことになりかねません。

彼らの特性に対して悩みがちになってしまうのであれば、同じ悩みを共有する場に参加してみてください。ハードルが高いように感じるでしょうが、少しだけ不安に目をつぶって顔を出してみてほしいのです。

こうした場は、公的に募集しているものもあれば、個人が主催をしている交流会もありますし、SNSのつながりもあるので、ご自身に合ったものを探してみてください。

子育てのノウハウを知りたいなら、子育てに精通した先生がいるサークルや勉強会、講座に参加するのもいいでしょう。

おすすめは、**ロールプレイングをしてくれるところ**です。解説を聞くだけでは「ふーん」で終わってしまいますが、子どもとのやりとりを想定したロールプレイングを体験すると、自分の中に落とし込むことができます。しっかり自分のものにできるようになれば、感情的になったときに、感情の爆発を抑えやすくなることが期待できます。

また、**カウンセリング**を検討してみてもいいと思います。ご自分の子育ては、親の子育てがベースになっています。ただし、そのすべてがお手本となるわけではなく、真似したくない部分もあるでしょう。

そのため、子育てについてカウンセリングを受けると自分をよく知ることにもなり視野が広がるので、活用・探求して子育てに対する考えやくせを整理するのは、とても有意義な結果をもたらすでしょう。

第2章

繊細な子どもの生きづらさを軽くする声かけ

カウンセリング 2

繊細な子どもに どうやって声をかけたらいいか わかりません

6歳のお子さんを持つ、母親のアイさん（仮名）からのご相談です。

小学校に上がっても友達の輪に入れないし、恥ずかしがり。担任の先生も周囲になじめないことを心配するほどです。「大丈夫だから、もっとみんなと遊びなさいよ」と子どもに言うと、傷ついたような顔を見せました。

アイさんは、子どもが繊細な感性を持っていることを理解しています。しかし、傷つけるのが怖くてどんな風に声をかけていいかわからないそう。

アイさんのように、ちょっとした一言が子どもを刺激してしまうかもしれないと悩む親御さんは多いです。例えば、

「あんまり子どもが怖がりなので、『そんなの平気でしょ!』と言ったら泣かれた」

「人前で緊張しがちなので、『大したことじゃないでしょ』と言ったら、余計に緊張するようになってしまった」

のように、「平気でしょう」「なんでもないよね」という言葉は、強い感受性を持つHSCにとっては**「他の人にはなんでもない普通のことなのに、自分はなぜできないんだろう」と思い悩む、余計に負担をかける言葉**になり得ます。

そのため私はアイさんに、「子どもは少しずつ社会性を身につけていくので、あまり心配しないで見守ってみてください。友達と遊ばない場合は、『お友達と遊ばなかったの?みんなで遊ぶよりも一人で本を読むほうが好きなのね。私もそうだったな』というように、**状況の確認・子どもの特性の提案や答え合わせ・同調**を意識して声をかけて様子見すること。そして、お子さん自身のペースを尊重してくださいね」と伝えました。

すると後日、「時田さんの言う通りに声をかけてみたら、子どもがホッとした顔をして

いました」とアイさんから報告がありました。

こういう話をしていると、「自分も親にわかってほしかった」「ただ受け止めてくれるだけでよかった」と言う親御さんは結構います。自分も繊細なのだと子育てを通して発見するのです。子どもに対する適切な声かけが、自分自身の癒やしになることもあります。

また、ＨＳＰの親は、自分が子どもだったときの親からの対応がどんなものであれ、その繊細さや感受性の高さから傷つき、けれども傷ついていないように生きてきたという方が多いです。そのため、いざ子どもに受容的な声かけをしようとすると、「この子は自分と違って、親（自分）に受容してもらえていいな」「自分はもっと悲しかったのに」という子どもをうらやむ複雑な感情を持つこともあるでしょう。そんなときは、親御さん自身の幼少期の心の傷を見つめ直す過程が必要になります。

親がＨＳＣの子どもに受容的な声かけをするコツがわかってきたら、コミュニケーションが円滑になります。そうなると改めて、子どものよさをしみじみと再認識するでしょう。

「この子はこの子であっていいんだ」

「集団と多少のズレがあっても、この子はこの子。だから私はこの子が好きなんだ」と、心から感じられるようになります。

繊細な子どもに必要なのは、絶対的に安心できる居場所です。**お父さんやお母さんが子どもを理解して繊細さを受け入れる言動をすると、子どもにとっての生きづらさというのは、ぐっと軽減されます。**あなた自身が子どもの安心できる場所になるために、適切な受容的態度と声かけをしていくことが重要なのです。

とはいえ、子どもの年齢も違えば性差もあり、家庭環境も違うので、「こういうときにはこう声かけすればいい」という一問一答の明確な答えは出しづらいものです。言い換えると、声かけのコツがある程度わかっていれば自分なりの最適解を出しながら声かけができるようになるので、子育てはぐっとしやすくなるということでもあります。

HSCには、どんな場面でどのように声かけをしてあげるのが最適なのでしょうか？

この章では、HSCの心を守りながら、少しでも「生きづらさ」を軽くできるような声かけを紹介します。

「イヤだったこと」を話してきたとき

なんでそのときにイヤだって言わなかったの？

↓

そうだね、それはイヤだったよね

POINT

子どもの言葉をオウム返しする

子どもの言葉を繰り返す「オウム返し」がもたらす3つの効果

学校から帰ってきたお子さんが、浮かない顔をしています。どうしたのかなと思っていると子どもが近寄ってきて、「今日○○くんにこんなことされた。すごくイヤだった」とポツリと言いました。あなたならどう反応しますか？

もしかすると、「なんでそのときにイヤだって言わなかったの？」「先生に言えばよかったじゃん」などと、親であるあなた自身の考えをすぐ言ってしまうこともあるでしょう。

しかしここでおすすめしたいのは、**子どもの言葉をまずは繰り返す**こと。これは単なる**「オウム返し」**で、なんの助けにもならなそうに思えますが、実は、心理カウンセラーがよく使うテクニックです。**「リフレクション（伝え返し）」**とも呼ばれます。このオウム返しは、**話す人が使った重要な言葉や感情の言葉を、会話の中で繰り返す**のです。

- 「相手にしっかり聞いてもらえた」という感覚を得られる
- 自分の言葉が正確に伝わったかがわかる
- 自分が発した言葉が伝え返されるので、自分の感情、考えを客観的にとらえることができる

という効果をもたらします。

つまりこの例で言えば、「イヤだったんだね」と繰り返すことで、子どもは親が自分の話を聞いてくれ、自分の感情を理解してくれたんだなと感じます。さらに、**「イヤだと思っても大丈夫だよ、お父さんやお母さんは受け入れるよ」という親のメッセージも受け取れる**でしょう。

そして、子どもがつらい思いをした話をしながら怒り出したり、泣き出したりしたとします。大人はこのようにストレートに感情を表すことはあまりありませんが、子どもは、感情が高ぶって強く表に出てくることがあります。こうした表出は、感情を終わらせるための大事な一過程です。抑制したりダメ出ししたりするのではなく、「怒りたいんだよね」

「泣きたいんだよね」と親が声をかけてあげることで、子どもは少しずつ落ち着いてきます。

オウム返しは簡単なようですが、やってみると意外に難しいもの。注意点も解説します。

オウム返しの注意点① 子どもの感情に巻き込まれない

オウム返しをする際は、子どもの感情に巻き込まれないことが大切です。つい「よしよし……」となだめてしまったり、一緒になって怒ったり泣いたりして親が巻き込まれすぎてしまうこともあるでしょう。時には一緒に泣くことも、大きく心を揺さぶられることもあると思いますが、次のように伝えて、子どもの感情を受容する側に戻るようにしてください。例えば、

- 「泣きたかったんだね」と子どもが泣くのを待つ
- 泣きたい気持ちが落ち着くまでそっとしておき、落ち着いてから「何があったの？ も

う一回教えてくれる？」と落ちついて聞いてみる

という手順を試してみてください。

オウム返しの注意点② 子どもの感情を先回りして代弁しない

子どもは、いかにもイヤそうで悔しそうに見えていても、ストレートに「イヤだった」「悔しかった」と感情を言葉にしてくれるわけではありません。モジモジしながら「あのね、今日ね、先生がね……」と始めて、延々と状況説明をした結果、やっと言いたいことが出てくるという場合もあるでしょう。

そんなときに注意しておきたいのは、子どもの話を遮って「ああ、〇〇をされてイヤだったわけね」と、**親が先回りして子どもの感情を代弁しない**ということです。

なぜなら、先回りして子どもの感情を汲み取ってしまうのは、**子どもの自主性を奪いかねない**からです。

私の父は子どもの感情を汲み取るのが上手な人でしたが、私が学校から帰って悶々としていると、「イヤだよな、わかるよ」と察して子どもの意に沿って行動したり、物を買ってくれたりと先回りする人でした。いい父親で、優しい人だと今も思います。その対応が間違いだったわけではありませんが、ちょっと察しすぎ、かつ先回りしすぎだったかもしれないと思っています。

というのも、私は大人になっても、「困った様子を見せて黙っていれば、誰かに察してもらえるもの」と、無意識に勘違いをし続けていたのです。もちろん父だけの責任ではありませんが、自分が理解するよりも先に感情を先回りしてもらっていたことで、自分の感情を理解するのに時間がかかりましたし、理解しても周囲に要望を言語化して上手に伝えるのがヘタでした。また、「困っている様子を見せればなんとかなる」という気持ちは、結婚してからも、自分から夫に助けを求められないということにつながっていたと感じています。

もちろん、よかれと思っての行為であり、愛情深い父親であったことは理解していますが、**自主的に自分の気持ちを理解し、言葉にするという機会を無意識に奪われていた**のかもしれません。

どうしても子どもの先回りをしてしまうくせがあると思う方は、まず**子どもの言葉が出てくるまで、「少し待つ」**ということをやってみてください。子どもが話し始めたら、今度は「聴く」ことが重要です。途中で口を挟まずに聴き、子どもが**自発的に自分の言葉を話すことで、自分がどういうことを欲しているかがわかり、周囲に感情や要望を伝える力がついてきます**。

とはいえ、毎日の生活の中で、待つ時間や聴く時間が十分に取れないときもありますよね。やむを得ず子どもの話を中断する場合は、「後で必ず聞くから、言いたいことを忘れないでね」と声をかけてあげてください。**必ず聞くよという約束をしてそれを守ることで、親子の心理的な絆は深まります。**

オウム返しの注意点③
求められていないときは親の考えを口にしない

子どもは時に理不尽な思いをすると、泣いたり怒ったりして感情を表します。そのときに、「それってさ、絶対に先生が悪いよね」「〇〇ちゃんのお母さんって、ちょっと変じゃない？」という親自身の意見を言うのは、極力しないことをおすすめします。特に子どもがまだ親の意見に左右される場合は、親が意見を言うと、強く影響されて自分の意見がわからなくなります。

子どもは、学校や人間関係など子どもの世界でさまざまなことを学びます。**彼らが自身の体験を通して、自分の考えを育んでいる**のです。それを妨げるようなことは避けましょう。

では、親は子どもに意見を言ってはいけないのでしょうか？　いえ、そんなことは全くありません。

子どもが「お父さんやお母さんの意見を聞きたい」「自分はどうしていいかわからないから、サポートしてほしい」という「意見ください！」のサインが出たときに初めて、自分の意見を言うようにしましょう。

親が考える意見は、子どもの意見と違うことを前提に、「お母さん（お父さん）はこう考えているんだよ」と言ってあげられるといいです。なぜなら、子どもが**「自分はこう考えているけれど、お父さんやお母さんはそう考えているんだね」と、親の意見を区別してとらえ、自分の判断の参考にできる**からです。

なんで何も言わないの？　なんとか言いなさい！

←

何か我慢してる？

POINT

現状をＯＫとする声かけ

親の顔色をうかがうHSCは、「イヤ」と言わないことが多い

ＨＳＣはとても豊かな感受性を持っています。そのぶん、いろんなことが気になり、こだわりが強いように見えます。例えば、あの服は布がカサカサするから着たくない、このカバンはカタカタうるさい音がするのが気になる、など。

一方で、親や大人、周囲の人の様子や言いたいことを敏感に感じ取るため、「この服本当はあまり好きじゃないけど、着たらお母さんは喜ぶだろうな」などと、他者の喜ぶ姿を想像します。すると、**「本当は着たくないけど、悲しませたくない」と葛藤した結果、固まって俯いてしまう**しかなくなるのです。

ＨＳＣは成長と共にイヤという言葉を発するのを避けるようになりますが、それは「好き嫌いがない」というわけではありません。自分の好き嫌いを表すことで、周囲の人たちを悲しませたくないと考えるからです。

そのため、俯いてしまっている子には「どうしたの？　何か我慢してる？」と聞いてみ

ましょう。

「うん」と言うようならば、まず「そっか、何か我慢してるんだね」と、現状その子がしていることをオウム返ししましょう。もし何か言いたそうであれば、「何がイヤ？」と少しだけ促すのもアリです。その場合は、次の3ステップを試してみてください。

- **ステップ1**：「靴がツルツル滑るからイヤなの」と具体的な理由を言うならば、「うん、そうだね」とまず受け止める
- **ステップ2**：「靴が滑ってイヤなんだよね」と子どもの言葉をオウム返しする
- **ステップ3**：「こっちの靴ならいい？」と代替案を出してみる

最も大切なのは、やはりステップ2の「オウム返し」です。ここさえできれば子どもは、自分が親に受け入れられたと感じられます。

もし「別に我慢してない」と言うようであれば、それは**子ども自身がイヤと言うのをやめた**ということ。「そうなんだ」と言ってそっと見守るようにしてください。「本当はイヤなんじゃないの？」と問いただすのではなく、差し伸べられた手を握り返さないという選

択をした、子どもの自主性を尊重しましょう。

「これとこれ、どっちがいい？」二択の声かけ

イヤと言わずに俯く子も、「服がチクチクする」と訴える場合はあるかもしれません。「首の後ろに当たるタグが気になる」「この服はペタッと張りつく感じが嫌い」などと言うのは、皮膚感覚を含めた五感の鋭いHSCにはよくあることです。

親が困るのは、「どれもイヤだから幼稚園（や小学校に）行きたくない」となってしまう状態ですよね。親は親で、忙しい朝の時間。「なんでそんなワガママを!?」と焦るような気持ちになるのは仕方のないことだと思いますが、そこで責めたり叱ったりしても、親にとっても子どもにとってもいい結果にはなりません。

かといって「じゃあどれがいい？」と聞くと、「それもイヤ、これもイヤ」となってしまい、永遠に決まらずに困りますよね。

その場合は、**「二択のテクニック」**を使ってみてください。

「じゃあ青い服で行く？　それとも赤い服で行く？」と、**〝青と赤以外は選べない〟**ようにします。そして、できるならば「着たら（園・学校に）行くよ」という言葉をくっつけて伝えましょう。

子どもはその**「選択肢」に集中**してくれます。そうすると、「全部イヤ」という気持ちは忘れますし、**「この服を着たら園（学校）に行くんだ」とイメージしやすくなります。**その後の行動が格段にスムーズになるのです。

子どもが、理解できないと焦ったりイライラしたりする前に、この選択させるテクニックを使ってみてください。

二択の声かけ

相手の話に泣いてしまったとき

泣かないで！

←

泣けちゃうよね

POINT

安心させるオウム返しの応用

成長すると感受性の強さを見せなくなる

ＨＳＣはうまく社会に合わせられるため、成長するにつれて自分の繊細さや感受性の強さを見せないようにしていきます。そのようにしてだんだんと心の奥底に自分の繊細な面をしまい込んで見せないようになっていくのですが、その成果、何かに傷ついたり強く感情が揺れ動いたりしても「私はなんともありませんが？」という顔をするので、周囲は彼らの敏感な感性に気がつきづらくなります。

だからこそ、私たち親や周りの大人は、彼らのそうした特性による変化に対してすぐに気づいてあげられるよう、普段のコミュニケーションが重要になります。

子どもが泣き出したら、「泣きたいんだね」

ただ、周囲にどう思われるかを学習しきれていない幼少期のＨＳＣは、時や場所を問わずよく泣きます。自分のことだけでなく、他人の経験や他人の話、本などでも泣きます。

「○○くんの犬が死んじゃったんだって」と聞けば、飼い主の男の子の感情を想像して泣き、悲しい絵本を読んでは登場人物や状況を想像して、周囲を驚かせないよう静かに涙していることもあります。なぜなら、HSCは何かが**心の琴線に触れると、体も敏感に反応する**からです。高い想像力で、場面や人の心情をありありと臨場感をもって体ごと体験し、共鳴するのです。

こんなとき、親はつい「大丈夫、大丈夫」と言ってしまいがちでしょう。一見、なんの問題もない、むしろいい声かけに見えますよね。

しかし、その言葉のトーンにもよりますが、**「泣かなくても大丈夫だよ」という言葉は、「泣いていること＝ダメなこと」という誤ったメッセージになる場合がある**のです。すると子どもは、「今泣くのはおかしいから、やめなきゃいけないんだ」と感じるかもしれません。

HSCは、周囲への影響力について立ち止まって内省するので、周囲の人に嫌がられるようであれば、この感情はしまい込むべきだと理解してしまうのです。「泣き虫だなぁ」「ちょっと気弱すぎるんじゃない？」といった言葉は、もっと彼らの心に突き刺さります。

子どもに声をかけたいのなら、「泣きたいんだよね」と言うだけでOKなのです。穏やかにゆっくりと伝えます。

「大丈夫」は子どもの感情を〝なかった〟ことにする、あるいは〝認めない〟という意味も持ち得ますが、**「泣きたいんだよね」は、子どもの感情を受け止める言葉**です。感情を理解してもらえた、わかってもらえたと感じた子どもは、安心します。こうした少しの伝え方の違いが親子の信頼につながり、思春期以降にも話し合いのできる関係構築の土台になります。

HSCは物語を通して自分を理解できるようになる

物語にも共感するという話をしたので、ここで絵本や漫画、アニメ、映画などのフィクションとの付き合い方をお伝えします。

年齢制限を設けている作品が多いと思いますが、殺戮《さつりく》や虐待など残虐な場面が描かれているものは、ＨＳＣは好まないでしょう。セクシュアリティの高いものや暴力的な場面を見せるというのは、子どもに心的な負担を与える可能性があるといわれています。ＨＳＣは特に刺激を強く受けやすい子どもなので、意図せずに見てしまわないよう気をつけてあげるといいでしょう。基本的には、子ども向けのものであれば問題ありません。

物語作品は、**ＨＳＣが自分の気持ちを理解する助けになる**ことが多いです。

登場人物の心情に触れることで、こんな風に思うのは自分だけじゃないんだな、こうやって感じてもいいんだな、とホッとするという効果も考えられます。**自分以外にも同じようなことを思っている人がいると知って、孤立感がなくなった**と感じるのです。

もちろん、子どもは親が望むようなものばかりを好んで見るわけではありません。時には、「えっ！　こんなの見るの？」というものを選ぶこともあるでしょう。少し様子を見てあげるといいと思いますが、ほとんどの場合は悪い結果につながらないでしょう。絵本はぜひ読み聞かせてあげてほしいですし、アニメなどは一緒に見て楽しむのもおすすめです。

はっきり言いなさい

←

イヤなんだね、こういう風に言いたかったのかな？

POINT

受け止めて余計な介入はしない

相手のリアクションを想像しすぎて自分を押し殺してしまう

ＨＳＣには豊かな想像力があり、先々のことを予測します。「この申し出を断ったら『は？』って思うんだろうな」「貸してと言ったら失礼な人だと思われるかもしれないな」と、**相手のリアクションを思い浮かべて立ち止まる**のです。

そのため、「こんなこと言ったら嫌な顔をされる」と瞬間的に予測して、「じゃあ自分が我慢すればいいか」と、**自分の気持ちを押し殺してしまう**のです。

しかし、ここで親が「うちの子が貸してほしいみたいだから、○○ちゃん貸してくれる？」「なんかうちの子が○○って言いたいみたいなんだけど」と子どもの気持ちを代弁しすぎると、子どもの自立が妨げられます。後ろから「ほら、言いなさいよ」と促すのも、子どもにはプレッシャーです。良かれと思って親が代わりに言ってしまうことで、ＨＳＣは傷つくことが考えられます。

子どもが自分を押し殺してしまっているようならば、**「こんな風に言いたかったのかな？」と聞いてみましょう**。うんと答えたら、「そうだよね、○○って言いたかったんだよね」とオウム返しをします。

「あなたはどうしたいの？」と聞いてもいいですが、そう聞かれてしまうと言いづらいと感じることや、自分ではわからないことも多いです。そのため、**「わかんない」と言われたのなら、「そっか」と一度引くのがいい**でしょう。

基本的に、こうした場面にどう対応するかは子ども自身が学ぶことです。親は子どもの気持ちを受け止めてあげれば大丈夫。そのうえで、**「自分の本心を無理に伝える必要はないかもね」というメッセージ**を、表情や間合いに漂わせてみてはどうでしょう。

「こうしたい」と感じることと相手に伝えることは別問題

子どもにとって必要なのは、「自分は○○って言いたかったんだな」と自分の願望を理解することです。ただし、ここで注意していただきたいのは、**言いたいと思うことと、そ**

の言葉を実際に相手に伝えることは別問題であるということです。

親はついつい、「言いたいことがあるならそう言えばいいのに」と思いがちですが、**言わないという選択肢がある**ことも理解しておくといいですね。

大人でも、言わないことで余計な摩擦が避けられることはありますよね。周囲とのコミュニケーションのコツがわかるのは、子どもにとってはいいことです。そうした意味でも、無理に介入したり、子どもが望んでいないのにやらせたりするのは避けましょう。

子どもが親に対して気遣いするのを、否定しなくてもいい

HSCは親の表情や雰囲気を察知する力が高く、「親の顔色をうかがっている」と表現されることもよくあるでしょう。

いつも親の顔色ばかり見てビクビクしているような状態はよくないです。

ただ私は、親に子どもが気遣いをすることも社会適合しようとする努力、つまり成長の一つだと考えています。**周囲の様子を注意深く見るというのは、社会性が高まった証しで**

ありり、気遣い自体は必ず身につける必要のあるたしなみです。

一方で、なんだか**親にビクビクしているんじゃないかとか、親の言うことは絶対だと盲信していないか、親の前で萎縮していないかというのは、注意深く観察してあげてください。**

「○○しなさい」と強制しすぎたり、「○○できるなんて、お姉ちゃんよりずっとすごい」と誰かと比較して無理強いしすぎたりしていないかという点については、子どもの表情を見て自分たちの言動を省みる必要はあるでしょう。

周りに合わせて自分の感情を押し殺しているとき

なんでダメだと思うの？

←

ダメってことはないかもよ

POINT

感情の肯定を教える

「泣きたい」気持ちを否定しなくてもいいと伝える

ＨＳＣの中には、「こんなときに泣いたらダメなんだ」と我慢しすぎている子どももいます。これも、周囲の様子を見て過剰に合わせる、物事を深く考えるというＨＳＣの特性ゆえのことです。

泣くと、周囲の人に「なんで泣くの？　そんなことで泣いてはダメだよ」と言われることがわかっているのです。**社会的におかしなことだから、自分もそうしないようにしようと一生懸命にルールをつくって守ろうとします。**

でも彼らの真意としては、泣きたいし止められないから、泣くことを許してほしいという気持ちがあるはずです。

だから親としてはまず、**「泣くのをダメって思っているのかな」と声をかけてみましょう。そして、「ダメってことはないかもよ」と気持ちをほぐします。**

「泣くのはダメではない」というメッセージを受け取った子どもは、「この場面は泣かないほうがいいかもしれないけれど、泣きたいという自分の気持ちを否定することはないんだな」と感じ始めます。

そのうえで泣かないという選択をすれば、それは子どもの社会性の成長と言えます。「トイレで隠れて泣こう」と、泣いている姿を見せないようにするのも成長です。

ただし、親が子どもの心の機微を把握してあげることは大切ですが、それを**言葉にしてわざわざ伝える必要はありません**。「お父さんやお母さんは、あなたのことをわかっているよ」というメッセージを、**表情や頷きなどで伝えられれば十分**です。

「意見」を言えないのは、感情を押え込むからではない

学校などで自分の意見を飲み込んでしまう子どもを見て、「相手を優先して自分を押し殺すのはよくないのでは」と思う親御さんも多いことでしょう。

しかしHSCは周囲の状況や他者の感情を無意識に察知しますし、そもそも気遣いは悪いことではありません。

かつて、HSPのことがあまり知られていなかった時代。「自分は人の顔色をうかがってばかり……。顔色を見るだけで自分の意見を言えないのはよくないことだ」と、自分で自分を否定して苦しくなるHSPは、

- 他人の顔色をうかがう自分はダメ
- 自分の意見を言えない自分もダメ

という、2つのダメを自分にぶつけていたのです。こうした**自分へのダメ出しは、自己肯定感をどんどん下げてしまいます**。

でも本当は、ダメなんてことはないですよね。HSPの、他者の顔色から感情を察知してフォローしてあげられる優しさや、「今は自分の意見を言わないほうが全体のためになる」などと、全体の雰囲気を感じ取るこまやかな配慮は、HSPの豊かな資源であり、才能と言えます。

そのため、**「本当はこう思ったけれど、他人や周囲を優先させて行動するというのは、**

それはそれでいいことだ」と、子どもを肯定してあげることのほうが大切です。

意見を言うことは年齢が上がってくるとどんどん重要になりますし、社会に出てからは必須になりますが、これは練習でいくらでもうまくなります。そのためまずは、感情を押し殺すことと意見を言えないことは別物であり、周囲への気遣いによって意見を言わなくてもいいのだと理解して、子どもに無理やり言わせないようにしましょう。

心配な様子を見せたときの接し方

いつもと様子が違うと感じるときは、どのように接したらよいのでしょうか？心配になるのが親心ですが、無理に聞こうとすると逆効果になる可能性もあるので、まずは次のようにステップを踏んで声かけしてみてください。

- **ステップ1**：無言でそばに座ってみる
- **ステップ2**：話してくれたら最後まで聞いて、「〇〇だったんだね」とオウム返しで受

け止める

隣に無言で座って自分から喋ってくれるなら、それほど心配することはありません。

思春期になると、必要なときにSOSを出してもらうことが難しくなってきます。でも、幼少期から自分が言ったことや感じたことを否定せずに受け止めてくれた人（大人）には、たとえ口数が減ったとしても、ずっと大事なことや困ったことは話してくれます。

そんな関係を築いていくためにも、口を出しすぎずに関わるコツを身につけましょう。

しょっちゅう「お腹が痛い」と言っているとき

なんで？　どんな風に？

↓

痛いんだね？

POINT

無理に言わせずにオウム返しで聞いて様子を見る

オウム返しで会話しながら原因を探る

しょっちゅうお腹が痛い、頭が痛い、気持ちが悪いと言う子もいますよね。そんな子どもには、ファーストリアクションが肝心です。

「お腹痛い」と言うならば、まずは「痛いの？」「痛いんだね」とオウム返しをしてください。**オウム返しで子どものリアクションを見て、少し時間をおいてみます。**

ダメな例は、「また？　学校休みたいんじゃないの？」と言うことです。

なぜなら、本当にお腹が痛い場合もありますし、心理的な問題があって、それが腹痛など身体症状として表れていることもあります。しかし子どもは、腹痛の理由をわかるはずもありません。

それなのに、親が「いつもそう言うね」「また嘘ついて」「なんで、お腹痛くなるの？」などと言うと、子どもは親を信頼しづらくなります。

さらにこうした言葉を繰り返していると、「ただ痛いということを理解して受け入れてほしいだけなのに、それも理解してもらえない」と、親子の心の絆が切れてしまいます。

また、最初から「なんで？　どんな風に痛いの？」「病院行く？」と詳しく話させようとすると、HSCはその勢いに怖気づいてしまい、話をしたくなくなります。

「痛いの？」と聞いて様子見し、どうやら何か心の中に抱えていそうだなと思ったら**「お母さんでよかったら話を聞くけど、無理して今すぐに言わなくてもいいよ」**と言ってみてください。

もし親には言いづらそうだなと感じたら、「○○になら言えるかな？」などと、話ができそうな大人や友達の名前を挙げてみるのも有効です。

HSCは、「お父さんやお母さんが心配するから」という理由で、問題があっても言わない選択をすることがあります。なんらかのサインを出してきたなら**大切に受け止め、原因を慎重に探りましょう**。

決めつけや否定の言葉で、話を聞くチャンスを潰さないようにしてください。

子どもの状況を理解する「バイオ・サイコ・ソーシャルモデル」

声かけがわかったところで、すぐに体の不調を訴える子どもの状況を理解するために、医療分野や心理学で使われる「バイオ・サイコ・ソーシャルモデル」をご紹介します。

このモデルは、その人の置かれている状況を把握するため、**「バイオ（生理的・身体的）」「サイコ（精神的・心理的）」「ソーシャル（社会環境）」**という3つの側面を見るというものです。

子どもが「お腹が痛い」と言った場合で説明します。

- **バイオ（身体的な原因を見る）**：症状の強さや、いつからなのか、痛みの場所、トイレの状況、他の身体的症状（吐き気など）を確かめる
- **サイコ（心理的な原因を考慮）**：最近の様子や、家族や友達との関係の変化などを確かめる

【図2　バイオ・サイコ・ソーシャルモデル】

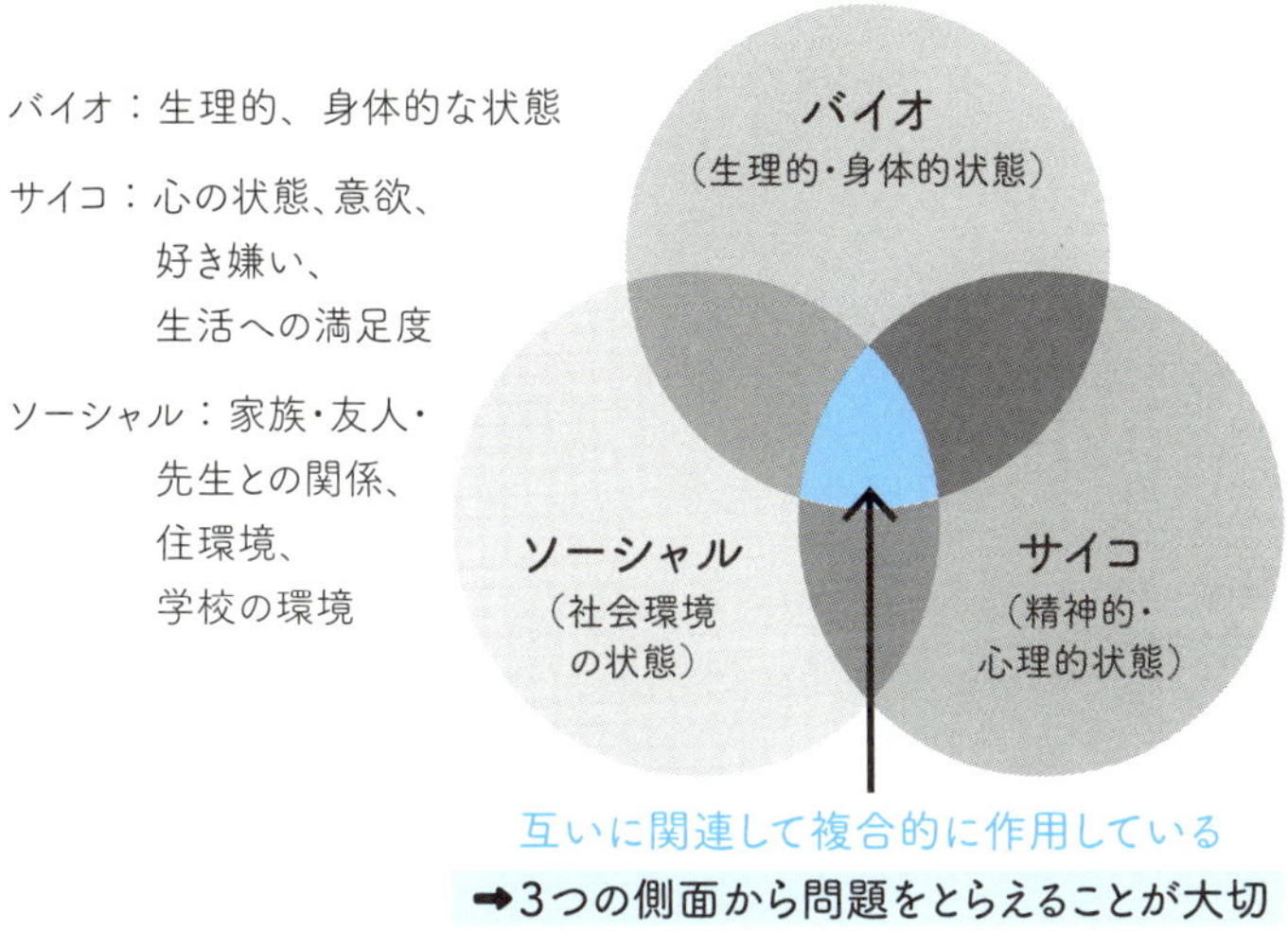
バイオ：生理的、身体的な状態
サイコ：心の状態、意欲、好き嫌い、生活への満足度
ソーシャル：家族・友人・先生との関係、住環境、学校の環境
バイオ（生理的・身体的状態）
ソーシャル（社会環境の状態）
サイコ（精神的・心理的状態）
互いに関連して複合的に作用している
➡3つの側面から問題をとらえることが大切

● **ソーシャル（社会的な原因を検討）**：家庭環境や学校環境、人間関係の変化を確かめる

このように、3つの側面から多面的に見ることが大切であるといわれています。

重要なのは、この**3つの要素が互いに影響を与え合っている**ということです。

もし、「緊張する場面に弱い」という環境の変化が腹痛につながりやすいとわかってきたら、先生と話し合って無理なく緊張を乗り越えられるような働きかけや声かけを共にするという、社会的アプローチが効果的だと気づけるかもしれません。**ソーシャルの問題が解決すれば、サイコの問題も軽減する可能性が高い**です。

このバイオ・サイコ・ソーシャルモデルは、思い込みから物事の問題点を間違えてしまわないようにするための視点と言えます。ぜひ活用してみてください。

散らかしっぱなしのとき

早く片づけなさい！

↓

片づけてくれるとお母さん助かるな

POINT

子どもを否定せずに行動の変化を促す「アイメッセージ」

「〇〇しなさい！」ではなく「〇〇してくれると嬉しい」

子育てをしていると、子どもが親の思ったように動いてくれないことはたくさんありますよね。何度言ってもおもちゃを片づけない、宿題をしない、お風呂に入るのを嫌がるなど。そんなときはついつい「片づけなさい」などと命令形になってしまうと思いますが、あまり効果的でないと悩む親御さんも多いのではないでしょうか。

命令形だけではなく、「勉強はするべきだ」「こうあるべきだ」というような「べき論」も同様です。意見の押しつけや正論による説得と受け止められてしまいます。

子どもに何かをしてほしいときは、「おもちゃを片づけてくれると助かるな」「お風呂に入ってくれると嬉しいな」というように声かけしましょう。

宿題をやってほしいなら、「あなたが勉強するなら、お母さんも頑張ろうかな」と言って、隣で資格の勉強や家事などをしてもいいかもしれませんね。「早く食べなさい」と言う代わりに、「おいしいうちに食べてくれると嬉しい」。静かにしてほしいときは、「今日は嬉しい気持ちなのかな？　でもお父さんはちょっと疲れているから、静かにしてくれると助かるな」と、**私（I）の状況や気持ちを伝えます**。

これを、**「アイメッセージ」**と言います。HSCには効果的な伝え方です。なぜなら、**HSCは相手が喜んでくれることがとても誇らしく、豊かな気持ちになる**からです。

では、ここで少し考えてみてください。

子どもがクラスメイトに、イヤなことを言われたと落ち込んでいるとしましょう。話を聞いてみると、それはちょっとひどいよねというような内容でした。そのためあなたは、先生に相談するべきことではないかと思いました。

ここまでご紹介した通り、まずはオウム返しで、「そうだね、それはイヤだったね」と返します。さて、次にはどんな言葉をかけるのがいいでしょうか。

「あなた」を主語にするユーメッセージは、非難や叱責のニュアンスが強い

自分の要求や要望を相手に伝える方法は、**「ユーメッセージ」**と**「アイメッセージ」**に分かれます。

「ユーメッセージ」とは、あなた（ＹＯＵ）を主語にした「こうしなさい」という言葉のこと。例えば、

「（あなたは）もっとやればできるのに」

「（あなたは）明日の持ち物確認した？（あなたは）ちゃんと確認しなさい」

「（あなたは）何回言えばわかるの？」

「（あなたは）お父さん／お母さんに文句ばっかりじゃないか」

「（あなたは）まるで赤ん坊みたい」

と、ユーメッセージには、命令、警告、説教、批判、悪口、皮肉などさまざまな種類があります。ストレートに意見が言えるというメリットはありますが、相手の心を傷つけてしまう、反感を買うというデメリットもあります。

先ほどお聞きした例の場合、「（あなたは）先生に言えばいいじゃない」と発言するのがユーメッセージになります。

「私」を主語にするアイメッセージは、相手を尊重する

先ほど紹介した**「アイメッセージ」とは、私（I）を主語にした言葉**です。例えば、

「（私は）心配だから、明日の持ち物を確認してほしいな」

「（私は）そんな言い方されると悲しいよ」

「泣くのではなくて、ちゃんとお話ししてくれると（私は）嬉しい」

「（私は）心配だから、連絡してくれると安心するよ」

「お手伝いしてくれると（私は）助かるな」

と、自分の感情を言い表すものです。


このアイメッセージは、アメリカの心理学者トーマス・ゴードンが**「親業訓練」**というプログラムで提唱したコミュニケーションの技法です。**教育においては、何かを矯正したり罰を与えたりするよりも、建設的に話し合うことが重要**と考え、その手法の一つとしてアイメッセージを考案しました。

アイメッセージのメリットは、なんといっても**柔らかい印象を与えられる**ことです。

ユーメッセージは相手に命令や非難がダイレクトに伝わりますが、アイメッセージは同じような内容を言っても、ムッとさせることはありません。

また、主語が「私」であるため、**「あくまでも自分の考えや意思を伝えているだけですよ」と、相手には相手の意見があるとわかっており、尊重しているという形になります**。

先ほどお聞きした例では、「お母さんだったら、先生に言うかもなぁ」がアイメッセージです。

アイメッセージの不思議なところは、「あくまで自分の考えや意思を伝えているだけ」なのに、**受け手側のHSCはそれを叶えてあげたくなる**という点です。

投げかけられたHSCは「嬉しいな」「助かるな」という言葉の思いについて考えを巡らせます。何かを強制されているわけではないため、どう行動するかは自由ですが、「お手伝いしてくれると嬉しいな」と言われると、「わかった」と相手の気持ちを汲んで、やってあげたくなるのです。

また、褒める言葉にもアイメッセージは使えます。

「すごいじゃん」「いい子だね」「えらいね」と言われたとき、素直に受け止められない子どももいます。「上手に塗り絵ができたね」と言うのは悪くないですが、**「上手にできたなぁってお母さんびっくりしたよ」だと、〝評価〟のニュアンスがなくなります**ね。

アイメッセージは自然な言い方でありながら、**子どもの自主性を促す効果がある**のです。

HSCへのユーメッセージは特に注意！

HSCの中には、ユーメッセージが持つ支配的なニュアンスに、萎縮してしまう子が多くいます。「ここでは泣くべきじゃないんだよ」「お腹空いたの我慢して」と言われると、自分を押し殺してもっともっと我慢してしまうのです。

また、絵を「よく描けたね！」と褒めても、HSC自身がネガティブに感じているときには、そのまま受け止められず「本当はそんなにうまく描けてないのに」「ここが気に入ってないのに」と、安易な評価を懐疑的《かいぎてき》に感じることも。そんなときも「よく描けたなって（私は）思うよ」というアイメッセージは有効です。

また、HSCは、自分の言いたいことを飲み込んで、あまり自己主張しないこともあるかもしれません。親としてそれは、とても歯がゆく思う場面でしょう。

そんなとき、私はよくアイメッセージを使っていました。「お母さんだったら○○ちゃんに、『それはおかしい』って言うかもしれないなぁ」というように。

ただし、前述したように、子ども自身の感情と、それを相手に伝えることは切り離して考えるとよいので、子どもが「ううん、言わ

アイメッセージ
どう思う？
うーん…
お母さんならこうするかなあ
たしかに…それがやりたかった!!

ない」という結論を出しても仕方ありません。

なお、「言ったほうがいいと思うよ」は、アイメッセージの形を借りたユーメッセージです。そう思っても指示しすぎないように心がけましょう。

HSCにとって必要なのは、「正しい答え」や「正しい言動」ではありません。お父さんやお母さんが、**「あなたの選択を受け止めるよ」という姿勢を伝えてくれること**なのです。

どうしたの？　何かあったの？

⬅

おやつでも食べる？

POINT

そっとしつつ気にしておく

部屋に閉じこもっていたら、「おやつでも食べる？」と伝えて様子を見る

ＨＳＰ（大人）は、意識的にも無意識的にも、自分にはちょっとした休息が必要なのだとわかっています。仮眠を取ったりコンビニに行ったり、身の回りを整理したりトイレに行ったりと、自分なりに休息を取ってバランスを保っていると思います。

しかし、子どもはまだそれがうまくできません。自分を客観視できたとしても、「なんでこんなに塞いでしまうんだろう」「なんで家ではあまり話したくなくなるんだろう」と慌てたり自己否定したりするばかりで、ダウンタイムが必要だとは思えないのです。

そのため周囲の大人は、子どもの出すサインを見逃さないように注意してあげてください。

例えば、子どもが帰宅後に部屋にずっと引きこもっているということはないでしょうか。

そのとき、声のかけ方として次の2つのパターンを想定してみましょう。

- **パターンA**：ノックもせず部屋に入って、「なんで沈んでるの？　落ち込むようなことでもあったの？」と声をかける
- **パターンB**：「ちょっといい？」と部屋に入る前に声をかけて、「お茶淹れたんだけど、飲む？　おやつもあるけど」と提案する

Aの場合、HSCの子どもはなんだかズカズカと踏み込まれたような感じがしているかもしれません。だとしたら、「考えていることを話すのはちょっと」と感じそうです。

Bの場合は、親が目を向けてくれているという事実を少し遠くから感じることができます。その距離感は、「気がかりだった何か」から、ふっと引き戻されるきっかけになるかもしれません。もしおやつを食べに来たら、他愛ない話で少し様子を見てみましょう。子どもは自分の話をするかもしれないし、しないかもしれませんが、ただ子どもに、**話してても話さなくてもどちらでもいいんだという選択肢があることや、見守っている人がいるんだということに気づいてもらうことが重要**です。

家に帰ってきたら自分の好きなように過ごしていいし、ぐったりすることもある。お父

さんやお母さんに話したいなら話していいし、そうでなくてもいいよ。一緒にいたいならいればいいいし、一人でいたいならそれでいいよ――そんなメッセージが伝えられたらお互いに楽ですね。

心も体も落ち着けて「自分の居場所がある」と体感できると、問題があったとしても建設的に対応できる可能性も高まっていきます。

「家に帰ると静か」は普通です！ HSCには「一人の時間」がとても大切

関連して、**学校で見かけると元気だけれど、家に帰ってきたら静か……というか沈んで塞ぎ込んでいるように見えるというのも、HSCによく見られる行動**です。

HSCは敏感なセンサーを持っていて、いろんな刺激を過剰に受けてしまいます。しかも、自分の中でグルグルと考え込む傾向があります。彼らにとって、外界、特に学校は圧倒されるような刺激を受ける場所です。

学校にいる時間はずっと、張り詰めた気持ちでいるという子も少なくありません。友人や先生との関係に特段の問題はなかったとしても、刺激にさらされ続けて下校時にはクタクタなのです。

アーロン博士は、「疲れやすさというのは敏感さの代償であり、唯一の弱点だ」と言っています。

また、ＨＳＣの中にも好奇心が強く外交的な特性を持つ子ども（ＨＳＳ型ＨＳＣ）もいます。そうした子どもは、人付き合いが苦手というわけではなく、会話も積極的にするし、友達といるのも好きです。ただ、やはり自分一人の時間が大切なことには変わりありません。

外でいろんなことに挑戦し、いろんな人と話して刺激を受けたからこそ、**何も話さず何もしないような、ゆったりとした時間が必要**なのです。

そうしたダウンタイムの時間は、人によって異なります。

食事をした後に部屋にこもって翌朝まで出てこない子どももいれば、静かな場所で5分だけ目を瞑れば落ち着くという子、長時間寝る必要がある子もいます。**「自分が心から休まる空間で一定の時間を過ごす」**というのが、その子にとってのダウンタイムなのです。

もしHSCが必要なときに必要なだけのダウンタイムを取らなければ、疲労がどんどん蓄積され、だんだん無表情になっていきます。不機嫌になる、ぐったりした顔になる子もいます。楽しいはずの誕生日会やピクニックなのに「もう帰りたい」と言い出したら、それは休息がほしいというサインです。

そのためHSCは、外で見かけたときは元気なのに家に帰ってきたら静かで塞ぎ込んでいるように見えたとしても、そこまで心配する必要はないので安心してください。

一人の時間や休みたいときに、過剰に気にされたり声をかけられたりすると逆効果です。その点だけ注意してあげましょう。

HSCには一人の時間が大切

仲間に入れてもらいなよ

←

行きたくないんだね

POINT

集団と関わるストレスを理解して選択肢を提示する

「輪の中に入ってもいいし、入らなくてもいいんだよ」と選択肢をつくってあげる

賑やかに遊んでいる子どもたちの輪に入りたがらないということも、HSCにはよくあることです。その場合、どうすればいいのでしょうか。

- **パターンA**：「なんでみんなのところに行かないの？　行ったらきっと楽しいよ。別に怖くないから仲間に入れてもらいなよ」と背中を押す
- **パターンB**：「一人でいたい？　そっか、行きたくないんだね」とまず受け取めて、一人でいる選択肢を残す

Aの場合、あなたは輪の中に入りなさいという**強制のニュアンス**があります。HSCは基本的に親の意思を尊重しようとするので、「行かなきゃ」と頑張るのですが、結果的に子どもを追い詰めてしまいかねません。

Bは、一人でいたいという気持ちをまず汲んでいるので、子どもは**「それでもいいん**

だ」と安心します。安心すると、**「じゃあどうするか」を落ち着いて自分で選びやすくなる**のです。時には、自分は輪の中に入らなくても遠くから観察していたいというときもあるでしょう。そんな子どもの気持ちを尊重する声かけです。

「他の子の輪に入っていけないなんて、集団行動ができない子どもになるんじゃないかと将来が心配」という親御さんもいるかもしれません。

しかし、進学すれば否応なく集団に入っていかなければならない機会が増えます。受容的な対応を家族がしてくれている子なら、社会性はそこで徐々に身につきます。自分なりのやり方もだんだんとわかってくるので、幼少期から強制しなくても大丈夫です。

大切なのは、

「お父さんやお母さんって自分を守ってくれるんだ」

「自分の意思を尊重してくれる」

「自分に目を向けてくれている」

と子どもが信頼できることです。

安心感を得られると、人は少しだけ挑戦してみたくなるもの。「前回は何も言えなかったけれど、今回はあの子にだけ声をかけてみようかな……」という進歩が見えたら、親としてはとても嬉しいですよね。子どもの行動を観察しながら、心の中でその成長に拍手を送りましょう。

HSCは1対1が得意でも、大勢だと頭が大混乱！

HSCは基本的に、1対1の場を好みます。持ち前の観察力や共感能力を発揮して、相手を理解しつつ話ができるからです。

ところが、相手が3人以上になると、その得意技が使えなくなります。誰に焦点を合わせていいかわからなくなり、まごまごしてしまいます。それが4人以上になると、頭の中は大混乱に陥ります。大勢に対してまんべんなく意識を向けるという状況が苦手なのです。

さらに、深く考えるという特性も持ち合わせているので、「あのときの自分の行動はダメだったんじゃないか」「あの子に対してはマズいことだったかも」と自分の行動を振り返ってはグルグル……。

そう自分にダメ出ししているうちに次の刺激がやってくるので、どんどん落ち込んでいってしまいます。集団で行動するとダウンタイムが取れないので、休憩を取ってリカバリーすることもできません。

集団にいると疲れやすいのは、こうした理由からです。

大人の場合、一緒にいて苦ではない人とだけ話すようにするなどの工夫をしたり、そっと心のシャッターを下ろしたりしながら、あまり熱心に会話に入らないようにするといった「自分を守るためのワザ」が使えるのですが、子どもにはできません。

また、「みんながいっせいにこっちを見るかも」「今自分が入っていったら迷惑かな……」と未来予測をしたり他の人の感情を考えすぎたりして何も話せなくなり、気疲れしてしまうということもあるでしょう。

そうした特性を理解しておいてあげたいですね。

「学校行きたくない」と言い出したとき

行きなさい

←

そっか、行きたくないんだね。私はこう思うよ

POINT

オウム返しとアイメッセージの合わせ技

「学校行きたくない」と言われたら、自分の感情を客観視できる声かけを

子どもの「学校行きたくない」にはいくつか段階がありますが、ごく最初の入口である「明日ちょっと学校行くのイヤだな」というところで、親と自然に話ができるのが理想です。学校に行かなくなって何カ月もたってしまうと、親としても深刻にならざるを得ません。

では、「学校行きたくない」と言われたらどうすればいいのでしょう。

まず、**「そうなんだ」と軽く受け止める**ようにしましょう。そして、**「行きたくないんだね」とオウム返し**をします。

子どもがなんとなくソワソワしていたら、**「なんで行きたくないか、理由聞いていいかな？」と質問をしてもよい**です。

「こういうことがあってさ……」と言ってくるならば、ここでもまた「そんなことがあったんだね」とオウム返し。その後に、本人の言葉や表情をすくい取って**「それはイヤだっ**

たよね」「悲しかったんだね」と、感情を盛り込んでさらにオウム返しをします。

「そうだよね、それは悔しかったよね」と言われると、子どもは「そうか、僕（私）は悔しかったんだ」と**客観的にとらえて自分の感情を消化できます**。落ちついてスッキリすると、「じゃあどうする？」と建設的なほうに思考が向かいます。

一方で、一般的には「学校行きたくない」と言われると、驚きのあまり「えぇ!? なんで!?」「行きたくないなんて言わないで行きなさいよ」と強く言ってしまいがちです。そして、「いったい何があったの？」と理由をしつこく聞けば聞くほど、子どもは何も言えなくなってしまいます。大切なのは、**子ども自身の混乱を、親が受容しつつも巻き込まれないように気をつける**ことでしょう。

もしかしたら一時的に学校を休むかもしれませんが、子どもだって、学校に行ったほうがいいというのはなんとなくでも理解しています。気持ちに整理がついたら、前向きな選択をするはずです。

褒め褒め作戦、遠回しな嫌み……こんな声かけはNG！

褒めすぎるとHSCは自分を押し殺してしまう

基本的にHSCには、**褒める子育てが向いています**。適切な褒め言葉は、彼らの持ち前の**感受性をいい方向に導くから**です。

一方で、ひたすらに褒めるという行為はおすすめしません。

親の「**こうあってほしい」という気持ちを察知し、先回りしてそれを叶えようと熱心になりすぎてしまう**HSCも多くいるからです。親の望むいい子であろうとしすぎると、**助けてほしいときも無理をして我慢をしてしまいます**。

「わが子は手がかからなくて助かる」と感じたら、本当に「いい子」なのか、子どもが自分を押さえ込んでいないか、よく表情を見てあげてください。

何よりも、子どもは成長して変化していきます。褒めて親の言うことを聞いてもらうということが効果をもたなくなる年齢は必ずやってきます。年齢によって対応を変えていく必要があるのです。

そんなときに**効果のある褒め方は、「状況を描写（実況中継）すること」**です。

「勉強してるんだね」と子どもの態度を実況中継すると
やる気もUP！

まず、私が3人の子どもを育てる中で全員に対して効果がなかったのは、「遠回しな比較」でした。

「○○くん、テストで2番だったたんだって」
「○○さんは自分からお手伝いしてたよ。えらいなぁ」
「○○ちゃんは夏休みでも毎朝6時に起きてるみたい」

というような言葉は、大人だってムッとしてしまいますよね。

言うまでもなく、誰かと比較するというのは子どもを傷つけるので逆効果です。

もちろん、子育てに熱心な親御さんほど、いろいろと口出ししたくなると思います。でも「何この成績？　塾代いくらかかっているか知ってるわけ？」と子どもに言ったら、傷つき、反発されてしまいます。

子どもを認めてやる気になってもらうには、もっとシンプルな方法がいいでしょう。勉強している姿を見たら、

「へー、数学の勉強してるんだ」

「漢字の勉強に力を入れてるんだね」

と、**子どもの望ましい行動を実況中継する**だけ。態度や姿勢を見て、それを伝えるのです。

決して「今度のテストはどうなの？」といった余計なことは聞かないでください。実況中継の効果がすぐに消えてしまいます。

困ったときどうする？ シーン別声かけ一覧表

ここまで、ＨＳＣによく見られる言動に対する基本的な声かけを紹介してきました。しかし、子どもの行動は基本に沿った一様なものではありませんよね。そのため、態度に驚いたり困ったりして、どう対応すべきかわからないこともあるでしょう。

そこで、ＨＳＣの特性を踏まえて、子どものどんな言動に対してどんな声かけをすべきかを、さらに次のページから表にして紹介します。

幼少期は基本的に言葉にしてあげるのが好ましいです。成長に伴って「頷く」「目を向ける」など言葉にしないようにしていくのが、ＨＳＣには適しています。

ぜひ参考にしてみてください。

「子ども繊細さん」の行動別　声かけ変換一覧表

HSCの行動	NG声かけ	OK声かけ・考え方
行動を起こす前に立ち止まる	・恥ずかしがりやだ ・怖がりだ、臆病だ	行動を起こせるまで待つ
細かなことに気づく	敏感すぎるよ、神経質だよ	細かいことに気づけるんだね
すぐに寝てしまう	・だらしない、怠け者だ ・子どもらしくない	ダウンタイムが必要なんだな、動揺を抑えているんだなと理解してそっとしておく
放課後なのに外で楽しく遊ばない	・友達がいないんじゃないか ・子どもならみんなと遊ぶべきだ ・仲間外れにされているんじゃないか	学校で頑張ってきたんだね。放課後は自由にしてもいいんだよ
赤ちゃんがえりしてしまう	・もっとしっかりしなさいよ！ ・ダメな子だ！	なんらかのストレスがかかっているんだなと様子を見る
年齢より大人びた振る舞いをする	・子どもらしくない！ ・また大人のフリ～？	気分がいいんだなと理解して何も言わない
驚かされるのが苦手	これくらいで驚くなんて	驚くことが苦手なんだよね
不適切な行動を起こしたとき	・こら！　ダメじゃない！ ・信じられない！	・これはいけないことなんだよ ・こんなことしたら、お店の人が困っちゃうでしょう？（理由を説明）
親の顔色を読む	・そんなことしなくても…… ・そんな子どもに育ててしまって、ストレスをかけすぎたのだろうか	人の顔色を読むことで周囲に調和する性質があるんだなと様子を見る
興奮した後はなかなか寝つけない	早く寝なさい！	嬉しいことがあったからなかなか寝られないね（その状態を言葉にして伝える）
新しい環境になかなか適応できない	まったくもう！　手がかかる子だ！（とイライラする）	新しい場所は緊張するね（同意を示す）
たくさんのことを質問する	・めんどくさい子ね ・えらい、すごい、と褒めちぎる	わからないことを知りたいのね（実況中継）
完璧にやりたがる	・だいたいのところでやめておきなさいよ ・こだわりが強すぎるんじゃないか	・待ってるね ・（時間がないので）あと○分でやってみようね

HSCの行動	NG声かけ	OK声かけ・考え方
誰かの悲しみや不安や緊張を自分のことのように感じる	・自分のことを先にしなさい ・他人のことだから関係ないでしょ	○○ちゃんは悲しいんだなってわかるのね
静かに遊ぶのを好む	・もっと元気に遊びなさい ・別のことをして遊びなさい	ただ見守る
痛みに弱い	・大げさなんじゃない？ ・これくらいなんでもないでしょ	・痛いね ・どうしてほしい？
うるさい場所を嫌がる	これくらい大丈夫でしょ	うるさい？　気になる？　どうしたらいいかなぁ……
人前で発表するのを嫌がる	練習なんだから頑張りなさい	・緊張しちゃうのかな ・うまく言えない気がするのかな ・（どのように緊張するのかを話してもらった後に）そうだね、緊張するね ・解決策を言わないで、ただ待つ
好き嫌いが多い	・なんでも食べなきゃ大きくなれないよ ・○○ちゃんはたくさん食べられるよ	・苦手？　そうなんだね、どうしようか ・（苦手なものを言った後に）そうなんだね ・1個だけ食べてみようか、と妥協案を出す
集団で遊ばない	・みんなと仲良く遊ばなきゃダメ ・先生に「みんなと遊べない」って言われちゃったよ。お母さん恥ずかしかったよ	・あのとき、みんなと遊ばなかったんだね（実況中継） ・そっか。○○ちゃんがみんなと遊ばなかったって先生心配してたよ。みんなと遊ぶの苦手だったのかなって。そうなのかな？ ※子どものペースを尊重すると、子どもは生き生きとし始めます。自信がつくと、「やっぱりみんなと遊んでみようかな」と思うこともあります
人見知りする	・みんなと仲良く遊ばなきゃダメ ・嫌いなんて言わないで	○○さんのこと、苦手なのかなと思うんだけど、どう？（と気持ちを聞く）
挨拶できない	・挨拶は元気にしなきゃ ・挨拶できないなんて、お父さん恥ずかしいよ	挨拶してほしいなぁ（アイメッセージ）
怖い夢を見る	そんなの平気、忘れちゃえばいいよ	怖かったね。怖かったら、お母さんのところに来ていいからね

HSCの行動	NG声かけ	OK声かけ・考え方
心配性	そんなに心配ばかりしていても、何も変わらないよ	○○のことが気になっているんだね
他の子が気づかないようなことを気にする	気にする必要はないよ	○○のことが気になるんだね
不満が多い	いい加減にして！ 付き合いきれない！	・不満に思うのね ・お母（父）さんはあまり聞きたくないなあ（アイメッセージ）
狭い世界にばかりいる（本や特定の分野など）	もっと他のことをしたら？	特に声をかける必要はなく、黙っている
腹痛や頭痛を頻繁に訴える	・本当なわけ？ ・またなの？	痛いの？（本当につらそうなら）つらいなら病院に行く？（本人の意思を確認する）
食べ物がぐちゃぐちゃに混ざっていると嫌がる	・めんどくさいなぁ ・これくらい大丈夫でしょ	イヤだったんだね。次からは気をつけるね
外ではしっかり者なのに、家ではだらしない	ほら、しっかりして	外で頑張っているので、家ではゆっくり休んでもらえばいいと理解して何も言わない
仲間に入らずにいる	内気な子ね	好奇心を持って観察しているんだなと理解してそっと見守る
トイレトレーニングがなかなか進まない	ほら、早く！	そのうちできるようになると見守る
人混みや騒がしい場所を嫌がる	・大したことじゃない ・気にする必要はないって	騒がしいねぇ（とサラリと同意する）
痛みに強く反応する	・痛くないよ ・頑張れ！	痛いねぇ
よく泣く	・泣くな ・弱いな	・悲しいんだねぇ ・つらいんだねぇ
大きな変化を強く怖がる	・怖がりだなぁ ・怖くないよ	・怖いよねぇ ・不安だねぇ
新しい環境には気後れする	・びびりだなぁ ・怖がらなくても大丈夫だよ ・こんなことで怖がっていたら、何もできないよ	心配だよね
注目を浴びるのを嫌がる	・怖がりだなぁ ・弱いなぁ	注目を浴びるの、イヤなんだねぇ

第3章

子ども繊細さんにそっと「提案」するストレス回避の声かけ

カウンセリング
3

子どもがストレスを感じて苦しむ姿を見たくないんです

10歳の子どもの母親である、レイナさん（仮名）からのご相談です。

自身もＨＳＰのため、ＨＳＣのわが子にとても共感できる。その一方で、些細なことに傷つく子どもを見て、「将来トラウマになってしまうのではないか？」「イヤな経験が積み重なって、引きこもりになってしまわないか？」とハラハラすると言います。

レイナさん自身も、子どもの頃に周囲の無神経な言動に傷つけられたことがあり、大人になるにつれて気にならなくなってはいるものの、時々思い出すことがあるそうです。「子どもには自分と同じ思いをさせたくない。自分の親のように無神経な言動もしたくない」。レイナさんはそう繰り返します。

しかし同時に、「ストレスや不安を感じて苦しむ姿を見たくないから、どうにか先回りして助けてしまいたくなることが、子どもの自立を阻んでいるとも思っています」と、自分の行動と心配との板挟みになって悩んでいました。

ＨＳＣにとって**「ストレスを感じないようにする」ということは難しい**です。人間は誰でもストレスを感じますし、ストレスの発生源は生きていれば次々に生まれます。特にＨＳＣは、他の人が気づかないような小さなことにも気づいたり、立ち止まって深く考えたり共感したりする特性を持っています。ストレスの数は非ＨＳＣよりも多いのです。

同じ事柄に対して、全員が同じように感じるわけではありません。例えば、職場の上司が貧乏ゆすりをしているとしましょう。気づかない人や気にならない人もいれば、「また？」「うるさいな」と感じる人や、「自分のことに対してイライラしているのかも」とプレッシャーに感じる人もいます。受け手がイライラしているか、または穏やかな気持ちかによっても感じ方は異なるでしょう。

私はレイナさんに、こうしたストレスのメカニズムを説明し、ストレスをそもそも感じないようにすることはできないと説明しました。そのうえで、**「イヤだなって思ってしまうよね（同意）」「お母さんはこんな風に向き合ってるよ」と、子どもを見守りながら〝提**

案〟という形でサポートする声かけをお伝えしました。

後日レイナさんからは、自分も気が楽になったし、子どもの肩の力も抜けたようだとメールをもらいました。

さて、この章では、ＨＳＣがどうストレスに向き合うべきか、そして、ストレス回避の手助けになる「提案」としての声かけをご紹介します。

HSCは、物事を感じ取るセンサーが発達している

物事をストレスだと感じるのは、自分の認知が関係している

まず、ストレスの発生メカニズムについて説明します。

ストレスというのは、ストレスの発生源（ストレッサー）があるからストレスを感じる、と考えますよね。ところが実際は、**発生源を「ストレスである」と自分が認識するから、ストレスだと感じているる**のです。

HSCは、物事（発生源）から、たくさんのことを感じ取る力があります。とても細かいことによく気がつきますが、小さいことも自動的に察して情報として取り込むのです。

【図3】

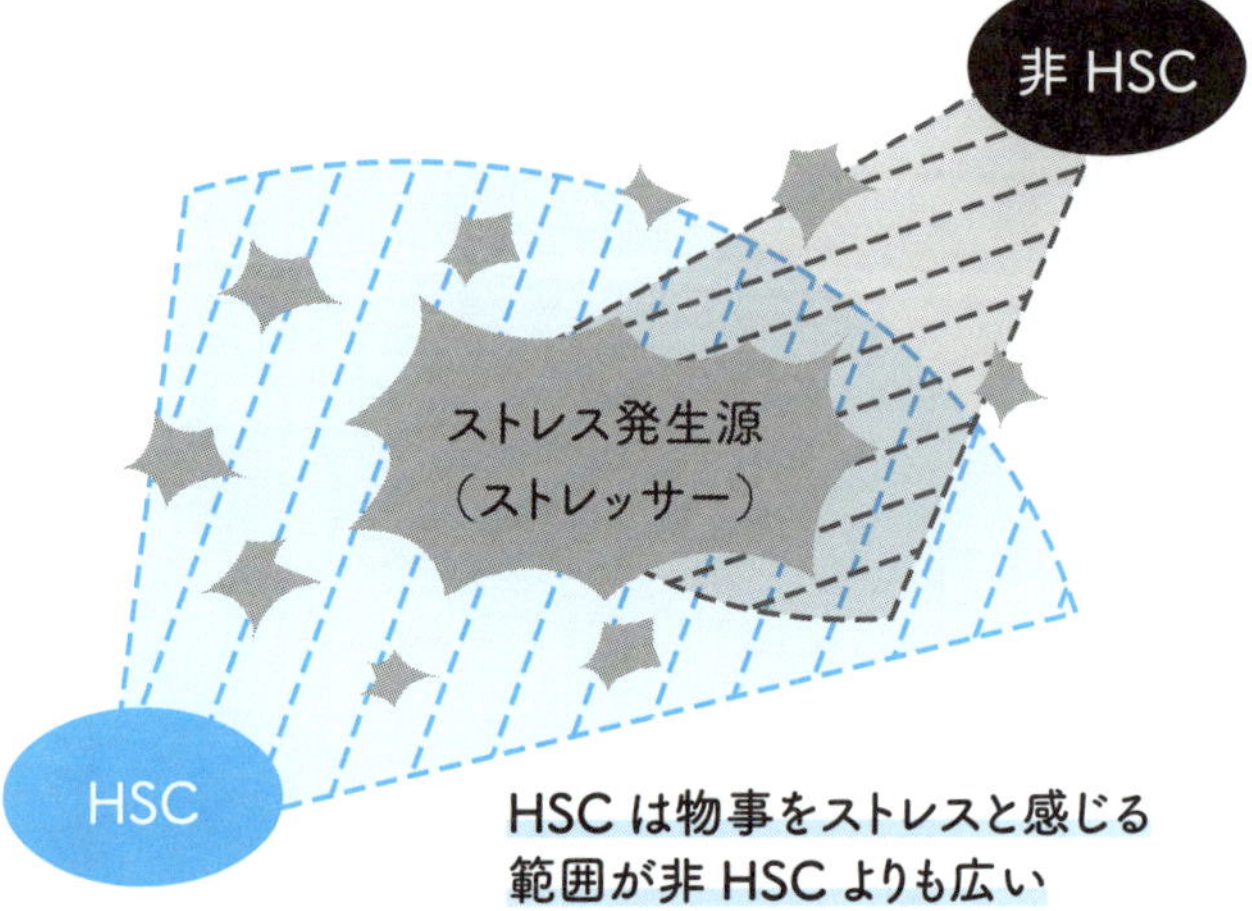

非ＨＳＣが「なんてことない」と感じるような物事でも、強い刺激だと感じて動揺してしまいます（図３）。

ただし、同じ刺激であっても、その人の精神的な状態によってストレスと感じるか否かは変わります。それは非ＨＳＣでも同じことですよね。

また、大きなストレスの前だと小さなストレスが気にならないこともあります。そして、何かが引き金になって、ストレスが大きくなることもよく起こります。

ストレスというのは、受け手の認識によってストレスになったりならなかったりするのです。

「子ども繊細さん」はストレスの種類もちょっと違う

HSCはストレスに対するセンサーが発達していますが、ストレスだと感じる物事も、他の子どもとは少し異なります。

どんな風にストレスを感じているのでしょうか。少し例を挙げてみましょう。

- 周囲が気づかないことに気づくが、それを人に言ってもいいのかわからずストレスになる
- 周囲と話が合わないが、自分がおかしいのではないかとグルグルモヤモヤする
- 周囲に合わせようと頑張るが、頑張れば頑張るほど空回りしてしまうと感じる
- 周囲のペースについていけないことを隠そうと、余計なエネルギーを使って疲れる
- 人に話しても伝わらないことがあり、うまく伝えられない自分が恥ずかしいと思う
- みんなと違う考え方をして、からかわれるのが恥ずかしいしイヤだと思う
- 人と違うのはよくないと、自分を否定的に感じる

新しい環境に馴染もうと頑張るが、とにかく疲れる

HSCは、周囲の子どもたちと自分が少し違うことを徐々に自覚していきます。

しかし、たとえ自覚できたとしても「あなたはそう考えるんだ。でも私は違うんだよね！」というように、人との違いを自ら主張する子たちではありません。「恥ずかしい」「ダメなことだ」と感じるので、**他と違う部分を隠し、一生懸命に合わせようとします。**

その努力自体がしんどいこともあるし、うまく隠せずはみ出してしまっていた部分に気づいたり、それを他人から指摘されたりすることもあります。すると、またしんどくなってしまいます。

外の世界で努力して疲れ果てたHSCでも、家に帰ってのびのびと自分らしくいられれば、自分を解放しつつ安心して過ごせます。

ところが、安心できるはずの自宅で親御さんが「なんでそんな風に思っちゃうの？」「他の子はこうしてるでしょう」というような声をかけると、どんどん萎縮していってしまいます。本心を打ち明けられず、自分の中にしんどさを溜め込んでしまうのです。

子どものストレスを軽減させるために

○○ちゃんに何かされたから
泣いてるんでしょ

⬅

お父さんやお母さんの前では
何があったか話していいし、泣いていいんだよ

POINT

原因追求の前に、ストレスを口に出せるようたまに促す

ストレスに対してどう対処するかを**「ストレスコーピング」**と言います。ストレスコーピングの方法は、主に2つあります。

- **問題焦点コーピング**：ストレス発生源に働きかけ、それを変化させて解決しようとすること
- **情動焦点コーピング**：ストレスの発生源に対する「考え方」や「感じ方」を変えようとすること

ところがHSCにとっては、情動焦点コーピングの**「感じ方を変える」というのが少し難しい**のです。繊細さんはその敏感なセンサーを持っているがゆえに繊細なのであり、そのセンサーは生まれつきのもので、変えようがないからです。

HSCはストレスの発生源が些細なものであっても、傷ついてしまいやすいです。家から一歩外に出ればストレッサーがあちこちに転がっているので、普通に過ごしてもストレスを避けることはできません。

だからこそ、ストレスと感じることを可能な範囲で減らす工夫が、HSCには欠かせません。つまり、**ストレスを感じづらい環境を自分でつくる**ということです。

例えば、毎朝時間に余裕がない中で、「着ていく服を決める」「必要なものを調べて用意する」など、いろいろと決めることや、やることが多いですよね。いつも急いで支度をするものの、出なければいけない時間ギリギリになってしまい、朝からイライラして疲れ果ててしまうとしましょう。

そこで、前日の夜に、明日着る服も必要なものも準備しておくようにすると、イラ立つことがなくなります。

イラ立つ（ストレスを感じそうな）条件を減らすことが、「ストレスを感じづらい環境を自分でつくる」ことになります。

特に未就学児童や小学校低学年の子どもには、ストレス源を減らすために次のようなアドバイスをしてみてください。

- イヤだと思ったならどうしたらいいか一緒に考えるから、お父さんやお母さんに伝えてね
- 自分ではどうしようもないことや困った人がいるなら、先生に相談してみるのもいいかもよ

ヘルプサインを受け取った大人は、子どもが何にストレスを感じているかがわかり、アプローチできます。子どもは大人の力を借りて、ストレスの少ない環境に変えていけるのです。

「泣いちゃいけないんだ」とぐっと我慢する子どもに、「お父さんやお母さんの前では何があったか話してほしいし、泣いていいんだよ」と声をかけると、子どもは**自分の感情を押し殺すしんどさが軽減**します。HSCはイヤなことを我慢しがちなので、「これはつらい」と**口に出して言えるよう、時には促すことが大切**です。

ただし、これは決して**「ストレス回避のための答えを教える」ことではありません**。その答え自体が大人の主観の場合もあり、子どもにとっての答えではない場合もあります。

自立にもならないでしょう。

何より、「○○しなさい」「○○したほうがいい」という **〝指示〟を、HSCは求めていません。** HSCに過干渉は、逆効果だからです。

また、親がなんでもかんでも先回りして「今、泣きたいんでしょう?」「○○ちゃんのことが嫌いなんじゃない?」と声をかけてしまうと、子どもはすべてを親任せにするうえに、「お母さんがそう言うなら、多分そうだ」と、自分で感じて考えることをやめてしまいます。

そのため、HSCが**自分の感情を言語化できる機会を増やし、ストレス回避方法についても自分で経験を積んで考えて対応できる能力を養っていきましょう。**

ストレス回避も「否定されない親子関係」の構築から

頷くだけで、子どもは肯定されたと感じる

子ども繊細さんが穏やかに生きるためには、**家庭内でのストレスをなるべく減らす**ことが大切です。子どもが**「家に帰ればお父さんもお母さんもわかってくれるし、安心できる」**と思えれば、外界でもどうにかうまくやっていけます。

では、どうしたら親を信用し安心していられるようになるのでしょうか。

それは、**「自分は否定されないんだ」という信頼感を子どもに持ってもらう**ことです。

そして子どもに信頼感を持ってもらうには、子どもを肯定することが大切になります。

肯定すると言うと、褒めそやすとかポジティブな声かけをイメージするかもしれませんが、少し違います。子どもの言動に対して、**「そうなんだ」「お父さんやお母さんは見ているよ」というメッセージを発する**こと。つまりは、**頷くことが肝心**です。

頷くことで、子どもは自分が肯定されたと感じられます。第2章で紹介した「オウム返し」は、まぎれもない肯定です。

頷くテクニックのいいところは、どの年齢の子どもにも使える点です。小学校高学年にもなると、親が何かを言うと「うるさい」「うぜぇ」と表情や間合いで返してくるようになりますが、「うん、そうなんだ」とシンプルに言えば彼らの心に届きます。

例えば、強い叱責はHSCにとっては刺激が強すぎて、ショックを受けてしまいます。また、親が「あー、もう面倒くさい」という表情をしただけでも、HSCはその共感力の高さゆえに、予想外に傷ついてしまうことがあります。「普通の子への対応」が適合しないことも多いのです。

HSCには、**「あなたがそう感じているならば、そうなんだね」と、まずは頷いてあげてください**。そうすれば、子どもは「頭ごなしには否定されないな」と感じられ、困ったことも大事《おおごと》にならないうちに、あなたに悩みを打ち明けてくれるようになります。

ダメでしょ、早く片づけなさい

↓

家ではいいけど、学校ではみんなと一緒に早く片づけられるといいかもね

POINT

アイメッセージで声をかける

決まり事は「アイメッセージ」で伝える

もちろん、子どもの言動が社会的な決まり事から外れていることもあるでしょう。そんなときは、

「家の中ではそれでいいけど、学校ではこうしたほうがいいかもよ」

「お父さんだったらこうするな」

「お友達の中では、こうしたほうが余計なこと言われないかもね」

と、**アイメッセージ**で声をかけてみてください。毎回言う必要はなく、何回かに1回でも十分です。

- **パターンA**：「食べ終わったなら、食器を片づけてから遊びなさい」
- **パターンB**：「食べ終わってそのまま？（間を空けて）自分で片づけてほしいなあ」

Bのほうが子どもも受け入れやすいし、「ちょっと悪かったな」「今度はやろうかな」と

いう気持ちが生まれますよね。

もちろん毎日のことなので、ついつい「○○しなさい」と言ってしまうこともあると思いますが、ちょっとずつ日常に取り入れてみてください。

伝え方をほんの少し変えるだけで、ＨＳＣの心理的負荷を軽くし、ストレスを回避しつついい習慣を身につけることを促せますよ。

何かと我慢してしまっているとき

何かあるなら話しなさい

↓

何かあった？　話したくなったら言ってね

POINT

「聴くよ」のサインを出す

「いつでも聞くよ」の姿勢が子どものストレスを軽減する

普段から我慢強い子どもが、何か言いたそうな顔をしてモジモジしている。そんなとき、「何?」と聞いてみますか? あるいは子どもが何か言うまで放っておきますか?

HSCは何かストレスを感じた場合、自分の中に押し込めてしまうという行動を取りがちです。ストレスを感じるだけでもしんどいのに、つらいという感情を押し殺してしまったら、なおさらしんどいですよね。だから話のきっかけとして、「どうしたの?」「何かあった?」と聞くのはよいことです。

注意点は、その後の声かけです。例えば子どもが下を向いてモジモジしているとき、こんなやりとりがあったらどうでしょう。

パターンA

親「お母さんに何か言いたいことある?」

子「えー、うーん……」
親「だから何だってば」
子「え……」
親「話してみなさいよ」
子「……（なんで怒るの？　もういい）」

パターンB

親「お母さんに何か言いたいことある？」
子「えー、うーん……」
親「あんまり言いたくない？　じゃあ、話したくなったら言ってね」
子「（ホッ）うん……」

HSCを含めて、子どもはBのほうが安心できるでしょう。
大切なのは、「お父さんやお母さんはいつでも話を聞くよ」と、**話せる場所があるのを子どもに伝える**ことです。

追い詰められている様子を見せたとき

大丈夫だよ、頑張って

大変そうだね。今日だけ勉強休んでみたら？寝てないでしょう？

POINT

現実的なアドバイスをしてみる

現実的なアドバイスで提案してみる

追い込まれるような状況に、HSCはあまり強いとは言えません。

物事を深く考える（D）特性は、余裕があるときには大変深い洞察をもたらしてくれますが、余裕がなくなると発揮することは全くできなくなります。オロオロして焦り、自分を過剰なまでに追い込み、叱咤激励《しったげきれい》して頑張ろうとします。視野も狭くなり、他者の意見を聞くことができなくなります。

非HSCであれば、「でも、なんとかなるだろう」「勉強していれば、どこかには受かる」という、開き直りの早さを見せます。しかしHSCは、逃げ場がない状況が重なると自分で自分をもっと追い込んで、どんどん苦しくなってしまうのです。

受験もそうですが、それに限らず、自分自身で立ち向かわなければならない状況というのは、人生には幾度となく訪れます。そんなとき、親としては子どもが戦っているのを見るのはつらく、大変な思いがしますよね。

しかし、これまでご紹介したＨＳＣへの接し方の基本にのっとって、「相談されたら対応する」「オウム返しで気持ちを受容する」に立ち返っていくしかありません。

時には少しだけ、

「勉強見てあげようか」

「先生に相談してみなよ」

「数学だけでも、先生に見てもらえるよう頼んでみたら？　寝てないでしょう？」

「気分転換に釣りでも行く？」

というような、現実的なアドバイスをするのもいいですね。

ただし、ご飯が食べられない、髪をかきむしる、体重が減るなど、「バイオ・サイコ・ソーシャル」のうち「バイオ」に変調がある場合は、医療機関を受診してください。

「他の人と違う」という意識に対して

他の子に合わせなさい

←

他の子に合わせなきゃいけないと
思っているんだね

POINT

他者との違いは「普通のこと」だと伝える

「あなたはあなた、あの子はあの子でいいんだよ」と他者との〝違い〟を受け入れるために指示しない

HSCは、「自分は他の人と少し違うかもしれない」「世の中からちょっとズレているかもしれない」という気持ちを強く持つようになります。

幼なくても、大なり小なり「なんだか他と違う」と感じている子も多いようです。

HSCが苦しいのは、**「だから他の人に合わせなければいけない」と考えてしまう**ところです。他人に迷惑をかけてはいけない、お父さんやお母さんを悲しませてはいけないと頑張ってしまいます。ぐっと歯を食いしばって、堪えてしまうのですね。

ありのままの自分ではなく、他人に合わせようとすることは悪いことではないのですが、それがずっと続くと「しんどさ」や「生きづらさ」につながります。

もしHSCのわが子が、「他の子と違うから同じにしなきゃ」といい子になりすぎる傾向があると思われたならば、その考えや態度を咎めたり注意したりするのではなく、「合わせなければ」と思っているその子の心のありようを、そのまま受け止めることが大切で

す。**「いい」とか「悪い」と決めないことがポイント**になります。**親が判断して「合わせなさい」とか「合わせなくていい」と言ってしまうと、子どもはその指示に従う**ことになり、良かれと思って言ったことでも、その子の考えを尊重できていません。HSCの「合わせなければ」という気持ちを受容しましょう。

もし、もう一言何か声をかけるとしたら、

「他の子はこう感じるかもしれないけれど、あなたはそんな風に思ったんだね」

「あなたはあなた、あの子はあの子。違っていいとお母さん（お父さん）は思うよ」

「そう思えるのも大事だね」

などと言ってもいいでしょう。


他の子とは違うけれど、違うのは当たり前で、違っていてもいいんだ。周りに合わせようとしてもいいんだというように、自分の判断を受け入れられることは、あるがままの素の自分を認めることにつながります。

そのため、親は「社会に適応しようという気持ちだって大事だよね」というメッセージを子どもに伝えてあげましょう。周囲とのズレが大きいことは、HSCにとってショックを受けやすく負担になります。そもそも、適応しようという気持ちそのものは間違っていませんよね。

親御さんはお子さんのよさ（繊細さ、敏感さ、感受性や共感性の高さ、観察力など）を認めたうえで、周囲から浮きすぎないために、こんな言葉を付け加えてみてください。

「ここは泣かないほうが、みんなにからかわれないかもね」

「あの子はそんなに深く考えて言ってないから、お母さんだったら聞き流しちゃうと思うな」

「とりあえず、はいはいって従っておくのも（お母さんは）アリだと思うよ」

と、**「こうすると自分を守れるよ」という方法を、アイメッセージを使いながら伝えてみる**のです。

あなたはあなただよ、と違いを受け入れてあげるのと、場をうまく乗り切る社会適応の方法を伝えることは両立します。お子さんが自分を否定することなく、世の中への対処法を覚えていけるようにサポートしていきましょう。

言葉で傷つけてくる人がいたら「自己防衛のワーク」をやってみよう

子どもが小学校4年生のとき、仲良くなった男の子がいました。家に遊びに行ったりゲームをしたりと、楽しそうな様子でした。ただその子は、他の親御さんから「あの子はちょっとよくない言動がある」と言われており、先生からも要注意と思われていたようでした。

でも私は、「よろしくない言動があると言っても、子ども同士が仲良くできているなら遊べばいいい」と思ってそのままにしていました。

しかしある日、息子がその子の家から泣きながら帰ってきたのです。具体的なことは教えてくれないのですが、どうも彼から何か傷つくことを言われたようでした。

自己防衛のワーク

世の中には人を傷つけるのが上手な人もいます。そういう人は、人が傷つくポイントを的確に攻撃できます。

互いに大人であればまだ、制御できたり攻撃から身を守ったり、そもそも関わらないようにしたりできるのですが、小学生だとそうもいきません。対処法がわからないため、ザックリと傷ついてしまうのです。そんなとき、親に「反撃してきなさい」と言われたら、もう子どもはどうしていいかわからず、立ち往生してしまうでしょう。

私はこのとき、息子にあるワークをやらせました。

「彼に一番言われたくない言葉を紙に書き出してみて。お母さんには言わなくてもいいから」と言って、部屋に一人にしました。

しばらくたってから、「これを言われたら本当にイヤだなって思う言葉を書いた」と部屋から出てきたので、「お母さんは内容は聞かないけれど、あなた自身には言われたくない言葉があって、それを言われないように生きているんだよね。今日はそのことを言われると思っていなかったから、びっくりしたんだね」と声をかけました。

このワークのポイントは、**「自分が言われたらイヤと思うことは、自分で把握できていると防衛しやすくなる」という点**です。

言われたくない言葉を自分の中に隠したままだと、ふいに他人からその急所をつかれたときに対処ができなくなるため、それを防ぐために盾を持つことができると教えたのです。「これを言われたらイヤだな」と思うことをリストアップすることで、自分で自分の弱い部分を把握できます。そうすると、その部分を指摘されても「まぁそうだけど、自分でもわかってるさ」「今さら、何?」「それは自分でもよくないってわかってるさ」という対応ができ、たとえ誰かが故意に傷つけようとしてきたとしても、傷は浅くすむのです。

そうして息子は後日私に、「あいつは機嫌がいいときは面白いやつだけど、親に怒られると機嫌が悪くなるんだよ。そういうときは遊ばないようにする」と言ってきました。自分のことを把握できただけではなく、対処法も自分で考えられるようになったのです。

そのうち新しい友人ができたり受験が始まったりと、自然に離れていったようです。

あまりにひどい場合には親が介入することもありますが、私はこのように、基本的に子どもの自主性に任せています。

何かあっても「あなたに任せるよ」「意見が聞きたかったら言うね」「どうしても困ったら助けるけど、どうする？」というメッセージを発しておけば、子どもは「どうしようかな」と自分の頭で考えるもの。息子の場合は、このやり方が合っていたようです。

このワークの方法を次に紹介します。ただし、闇雲にやると自己否定感を強めてしまう危険性があるので、何事もなければ実施する必要はありません。

本当に困ったらやってみよう！ HSCが自分を守るための自己防衛のワーク

- **ステップ1：**「これを言われたら絶対に傷つく」という言葉をリストアップさせる。その際に、「お父さんやお母さんに言う必要はないよ」と言う

● **ステップ2：書かれたものは見ずに、「あなたはこれを言われたくないって思ってるんだね」と言う**

ポイントはやはり、普段から「何かあったらちゃんと話を聞くよ」と伝えるだけでなく、態度でも示して「この人は自分がどんなことを感じていても受け止めてくれる人だ」とわかってもらうことです。

親子間に信頼関係がないと、子どもは何か困ったことがあって大人の助けが必要だとしてもSOSのサインを出しません。常日頃から親と子の絆を結んでおけば、深刻な事態を回避できるのです。

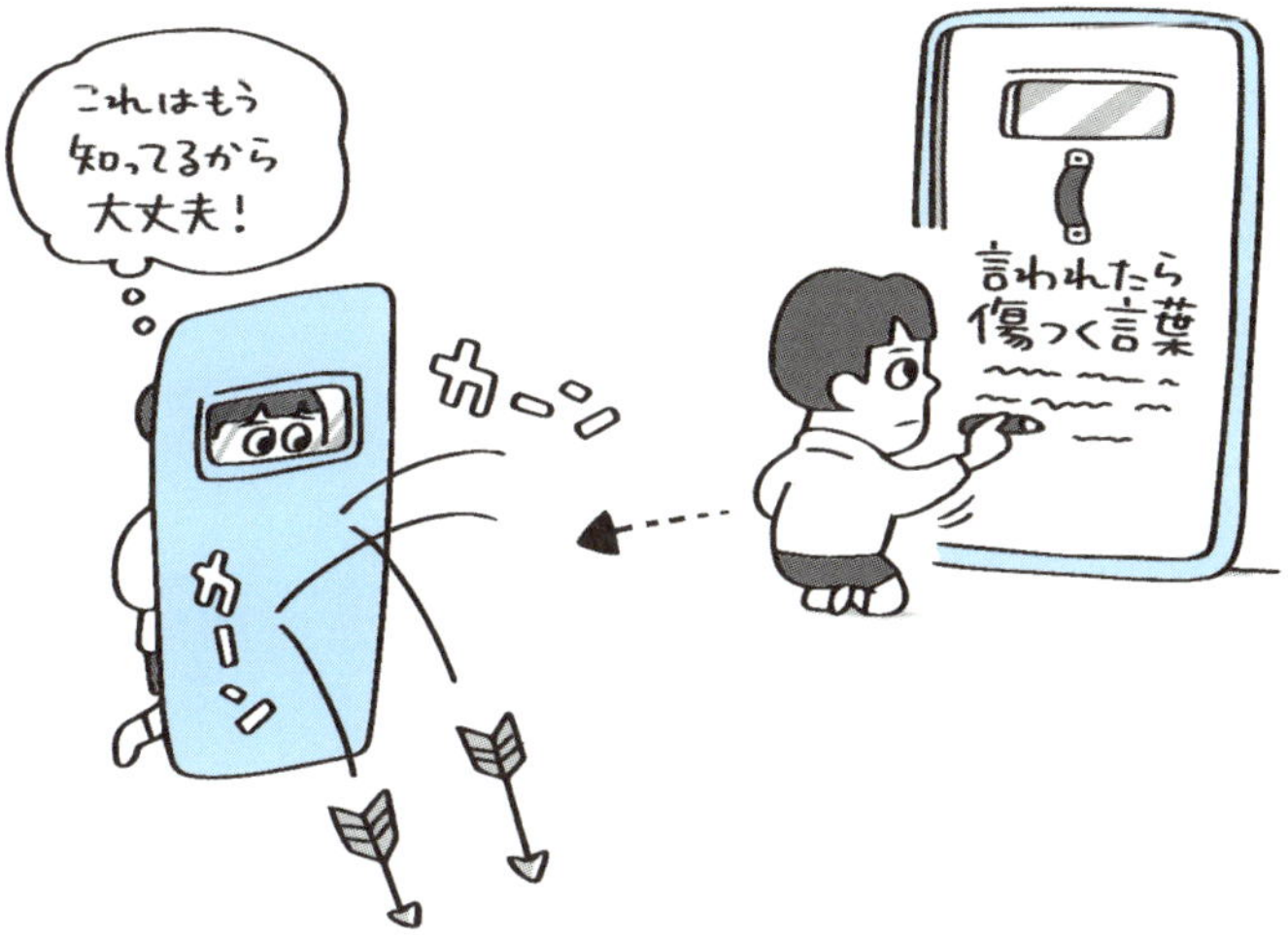

親がストレスの原因になっていないか振り返ってみよう

親と距離を置こうと反発するHSCも多い

「過干渉（過保護）」の話をしましたが、実を言うと**過干渉になってしまうのは、子どもの成長に、親が追いついていないため**だと言えます。成長すると子どもが求める対応は変わるのに、その年齢や成長とミスマッチな対応をし続けると、過保護や過干渉に発展します。そして、子どもによってはストレスになってしまうのです。

もちろん、親御さんは子どもによかれと思って対応しているはずです。

そのため、私はカウンセリングの中で、「お子さんは、あなたがどんなことを言ったときに反抗したり、黙り込んだりしますか？」と聞くようにしています。
「お子さんは具体的にどんな反応をしますか？」
と、詳しい状況を洗い出してもらうと、「これ以上あの友達とは付き合うなと言うと、ものすごく怒る」とか、「部活のことに口出しすると、イヤな顔をする」『嫌な思いをしてるんじゃない？』と心配すると、『別に』と言う」などと、ある程度パターンがわかってきます。

そのパターンを親御さんが把握できれば、自分の今の対応が子どもの成長に合っていなかったということが、だんだんと明らかになっていくのです。

ＨＳＰの親の場合は、子どもの問題だと思っていたことの根幹に、自身の傷ついた体験や記憶による未解決の問題が絡まっていることが多いです。その場合は、まずご自身の問題に邪魔されないよう整理していくことで、子どもとの関わり方が変わっていく場合があります。「自分の問題かも」と思われたら、信頼できるカウンセラーに相談してみるのもよい方法です。

過ちを犯したらすぐに謝る

どんなにできた親でも、過ちを犯してしまうことだってありますよね。知らず知らずのうちに何かを強制してしまっていたり、無神経な一言を言ってしまったり……。私もあります。でも、安心してください。ちゃんと取り返せます。

子どもが小学校高学年くらいのときのことです。親の目を見なくなったりわざと無視したりして言うことを聞かなくなり、反抗的な態度を取るようになりました。イライラして壁を蹴ることもありました。

私は本当にどうすればいいのかわからなくなりました。それでカウンセリングや講演会、勉強会に足を運び、いろんな人の意見を聞いて解決策を探し回りました。

そうして模索する中で気づいたのは、子どもに「こうなってほしい」という理想の姿を押しつけていたということでした。私は子どもには勉強ができてほしかったし、できればいい学校に行っていい学歴を獲得してほしかったのです。だから毎日のように、「宿題やった?」「テストはどうだったの?」と聞き、テストの点が悪ければ「何、この点数?」「なんでできなかったの?」と問い詰めていました。

そういう自分にハッと気づき、「ああ、もうやめよう」と思ったのが、その子が14歳のときです。

そしてある日、意を決して彼に「これまでごめんなさい」と謝りました。「お母さんは、もううるさく言わない。もしあなたが、こうしたいと思ったらそれも否定しない。勉強も、無理やりしなさいとは言いません」と。そして、「テストの結果も、もう見ないよ」と宣言しました。

勉強しろと言わないようにすることは、私にとっては崖から飛び降りるほど勇気がいりました。でもここで自分が変わらないと、親子関係が取り返しのつかないことになるということも、理解していたのです。

そうしたら彼は、意外なことに「もういいよ」と言いました。「今までは何だったんだよ!」「これだけ傷ついたんだけど!」と私を責め立てるわけでもなく、大人な態度で「もういい」とだけ。

正直びっくりしましたが、同時に彼の器の大きな態度に心が震えました。そして何より、謝ってよかったと心底思ったのです。素直に謝るのは、親子の絆のためにも大切なことだと実感しました。

どんな親だって過ちを犯します。しかも子どもは、成長するうちに「親も完璧じゃないんだな」ということがだんだんとわかってきます。個人的には、10歳まではなんとか取り繕えると感じますが、それ以降は子どもだって親の過ちを見透かします。

そんなとき、親が素直に「ごめん、自分が悪かった」と伝えれば、子どもはそこから何かを学びます。

HSCは特に、親が何かしてしまっても「うん、お父さんやお母さんは悪くないよね」と飲み込んでしまいやすいです。それが積み重なると、だんだん自分の気持ちがわからなくなり、家にいることがしんどくなってしまいます。

だからこそ親は、**過ちに気づいたら素直に謝る**といいです。親子の絆に傷がついても、ちゃんと修復できますよ。安心してください。彼らは私たち親が思っているよりもずっと精神的に大人ですし、成長してくれているのです。

第4章

子ども繊細さんが「繊細なままで」生きやすくするサポート

カウンセリング
4

子どもの才能を どうやって伸ばしていけばいいか わからないんです

中学1年生の息子さんを持つ、タカシさんとリエさん（仮名）のご夫婦から相談がありました。

息子さんは小さい頃からバイオリンを習っていて、とあるコンクールで入賞したこともあるほどの腕前です。バイオリンの先生も期待していて、「いずれは音大に」とすすめられています。

息子さんに繊細な気質があることは、幼い頃からわかっていました。集団になじめない様子もあったので、ご夫婦としてはなんとか得意なことで身を立てていってくれたらいいなという気持ちがあります。

しかし中学生になって勉強が忙しくなったせいか、バイオリンの練習時間が取れなくなりました。どうも、バイオリンそのものに興味がなくなってきた様子。「バイオリンやめようかな」と漏らすときもあります。

ご夫婦としては続けてほしいものの、無理やりやらせるのは気が進まず、どうすればいい選択ができるのかわからないというお悩みです。

親や周囲がすすめるままに、楽器やスポーツなどを習い、才能を発揮するHSCがいます。第1章でご紹介した通り、HSCには「DOES」という特性があり、何かを敏感に感じ取ったり、立ち止まって考えたりすることを得意とします。相手の立場に立って考える子、共感する子、脳内で物語が展開していくような創作力が高い子、独特の感性を納得のいく表現で探求する子もいます。そのため結果として、

- 詩や言葉に敏感
- 音や音楽に敏感
- ユーモアがある
- 物語を創作する
- 演技をする
- ものまねをする

といった形で、才能が表出することがあります。

でも、皆さんの周りにもいませんか？　例えば、お城についてすごく詳しくて「城博士」と呼ばれているような子どもや、一つの遊びにのめり込んで子どもらしからぬこだわりを見せたり、何かに夢中になりすぎてトイレに行きたくても行かなかったりするような子どもです。つまり、あることへの興味が深く、探求し始めたらどんどんのめり込んでいくような子どもですね。しかしそれが、社会に適合する才能かというと、そうとも限りません。ましてや、お金を稼いで成功するかは未知数です。

そのため、ＨＳＣが持っている煌めく能力を、将来の職業に直結させるというのは少し飛躍した考えです。ＨＳＣの才能は、もっと幅広い可能性を秘めたものだからです。

ＨＳＣは、好きな特定のことにのめり込む一方で、周りの人が喜んでくれるから我慢して頑張ったり、やめると言い出せずに練習を続けたりすることもあります。その結果、なんらかのいい成績を得ることもあるでしょう。

しかしそれが続くと、周囲の人が喜ぶことや褒められることを優先してしまい、子ども自身が本当にやりたいことに気がついても、親に言わなくなります。自分から**「これは親をがっかりさせてしまうんだろうな」と諦めてしまう**のです。そして楽しく集中していた感覚も忘れてしまいます。これこそ、子どもの可能性や未来の才能を潰すことですよね。

そのため、もしお子さんが本当に「もうやりたくない」と言うなら、話し合ってから決めるようにしてください。「親が潔く諦めるべきだ」などと言うつもりはありません。しかし親子関係に支障が出ることは本望ではないはずなので、「お父さんとお母さんは、やめたらもう○○くんの演奏が聴けなくなると思うと、残念でならないんだ（アイメッセージ）」と伝えてもいいと、私はタカシさんとリエさんにお伝えしました。

このように、**子どもの主張との葛藤をその都度話し合って乗り越えていく**ことで、たしかな家族の絆ができていくのです。

当たり前にできてしまうことなので、幼い頃本人はその価値に気づきづらく、簡単にやめたいと思ってしまいがちですが、成長の途中で「やっぱりもう一回やってみようかな」と改めて思いはじめることもあります。そのようなトライアルアンドエラーを繰り返しながら、自分のやりたいことと社会との間で折り合いをつける力もついていくでしょう。

最後の章では、HSCが「繊細なままで」生きやすくする方法を紹介します。

子ども繊細さんの才能と心の声に耳を傾ける

親の期待に応えようとし続けると、子どもが「他人軸」で生きてしまう

以前カウンセリングに、娘さんがＨＳＣ、お母さんがＨＳＰの親子が来てくれたことがありました。

お母さんは自分の繊細さから、いろんな苦労をしてきました。そのため、娘さんが感じているしんどさがよくわかるのでしょう、生活全般にわたって、きめ細かな配慮をしている様子が伝わってきました。

しかし、中学生になってから娘さんが不登校になってしまいました。

その際、親子で話を聞くことがあったのですが、私が娘さんに「これについて、どう思いますか？」と聞くと、娘さんが話を始める前に「この子は、こんな風に思ってるんです」とお母さんが答えてしまいます。

これでは話が聞けないと思い、娘さんを別室に呼びました。

「ピアノが趣味なの？　好き？　楽しいかな？」

「うーん、でもやらないと」

「なんでやらなきゃいけないって思ってるのかな？」

「……」

よく話を聞いてみると、娘さんは**「ピアノを練習するとお母さんが喜ぶから、楽しくないけれど続けている」**ということがわかりました。

それだけではありません。いい子で人の話を聞けるのも、自分の意見をはっきり言わないのも、服の好みでさえ、「お母さんがそうすると喜ぶから」「いい子じゃないとお母さんに嫌われるから」と言います。

HSCは、**親が望むことを先回りしてやる**傾向が強いです。「宿題やっておかないとお母さんが怒るな」「部屋をきれいにしないとお父さんに叱られるな」というように。しかも親の機嫌をうかがうので、自分の行動を見て親御さんの表情がサッと曇ると、「あ！やらなきゃ」と自らを律します。

やりたいことがあっても、「親がいい顔しないから」と自分でやめてしまうことも多いです。**自分のやりたいことよりも「自分が求められていること」をやって、喜ばれるとそうした行動が増えていきます**。自分の気持ちよりも、親御さんがやってほしいことを優先してしまうのです。

その結果、子どもが「他人軸」で生きるようになります。

他人軸とは、他人の基準のことです。他人軸と共に「自分はこう思う」という自分軸もあれば問題はありません。しかし、自分軸の代わりに他人軸だけを判断の拠りどころにしてしまうと、自分の基準がどこかに行ってしまい、自分がなくなっていくのです。

他人軸で生きる人には、次のような特徴があります。

- 「～したい」ではなく、「～しなければ」と考える

- 「楽しいこと」より「正しいこと」をする
- 自分で答えを出すのではなく、周囲や社会の基準から答えを出す
- 「やりたいこと」は思いつかないが、「やるべきこと」はわかる
- 自分発信で作り出すのではなく、すでにあるものに適合することを優先させる

こうした振る舞いは、クリエイティビティ豊かでさまざまな才能をもつHSCにとって、本来の自分を押し殺した状態といえるでしょう。

もちろん、親のすすめで物事を始めるということが、すべて悪いわけではありません。それをきっかけに、好きになったり才能が開花したりする場合も多く、感謝されることもあるでしょう。

大切なのは、あくまでも子どもがどう思っているかということです。子どもの様子をよく観察し、心の声を感じ取るようにしてください。

もっとこういうことをしてみたほうがいいよ

←

お母さんにやって見せて！

POINT

SHOW MEのメッセージ

どんなことでもやらせてあげる「否定しない柔軟さ」

では、子どもの適性や才能をどのように見つければいいのでしょうか。絵が上手、歌声が素晴らしいなどはわかりやすいですよね。

でも世の中には、もっと多様な才能があります。例えば、金魚すくいがとても上手、靴下を片手で履ける、草むしりがとても速いなど。「それって才能？」と思うような些細なことだって、人よりも優れているのなら、立派な才能です。

だからこそ、「そんなこと」と言わず、**どんなことが得意でも、否定しない柔軟さが必要でしょう**。

何か得意なことがあるのなら、それを拠りどころに自信につなげてあげたいもの。

「そんなことできるんだ！　お母さんにやって見せて」

「詳しいね、お父さんにも教えてくれる？」

というように、**「SHOW ME」のメッセージをかけてあげる**とよいです。

子どもは親に褒められることが大好きです。ＨＳＣは繊細で感受性が高いぶん、ひといちばい愛されたいと思っていますが、そんな自分を表に出してはいけないと自制もしています。だからこそ、こんな風に自分のやっている得意なことを披露してほしいと言われたら大喜びです。少し照れながら、でも嬉しそうにやってくれますよ。

とはいえ、中には「人前で何かをやるのは恥ずかしい」というＨＳＣもいます。それでも、例えば**「お母さんにだけ本の朗読をしてみせて」「お父さんにだけピアノを聴かせてよ」とこっそり見せてもらう**という方法なら、秘密遊びのようでワクワク感が倍増し、人に披露することの楽しさも実感できます。

そのうちに、「クラスの前なら朗読できる」「小さな発表会なら出ていいよ」と少し挑戦できるようになるでしょう。

ただ、「もっと挑戦してみなさいよ」と背中を押しすぎることは、ＨＳＣの特性を考えるとあまりおすすめできません。もしなんらかの教室で先生に教えてもらう場合、親はあれこれ口出しせず、先生に任せてください。ペースメーカーが複数人いると、子どもは迷ってしまうからです。

ＨＳＣは引っ込み思案で、物怖じすることが多いです。非ＨＳＣに比べて無邪気に成果を自慢することもないので、親はやきもきするかもしれません。

しかし、**「自分はこれができる」という感覚が積み重なると、自信も自ずとついてきます**。それだけでも、ＨＳＣのこれからの人生にプラスに働き、きっとあなたが驚くほどの進化を見せるはずです。

子どもを強引に表舞台に立たせるよりも、**「これをやっていると楽しい」と思う時間**を大切にしてあげてください。

子どもの才能を伸ばすには、「黙って待つ」ことが大切

子ども繊細さんたちが「やりたいこと」で迷子になる理由

ＨＳＰは、よく「やりたいこと」がわからなくなります。なぜなら、

- やりたいと思っても、周囲の目を気にしてやめてしまう（同じ分野でハイレベルな人と自分を比べて、敵わないと考えてしまうなど）
- 取り組む前に先読みをして不安になりやめてしまう
- 自分はできるはずだと期待しすぎる。実際に取り組んでみると期待したほどできなくて失望して、取り組むこと自体をやめてしまう

- うまくいかないことがあると、ゼロ百思考で「自分はダメだ」と決めつけてしまう
- 自分を追い込みすぎて、やりたいことがわからなくなる

というようなことが起こるからです。

これらが複合的に重なった結果、やりたいことを見つけて取り組もうと思っていたはずなのに、及び腰になっていってしまいます。

そして、やっておいたほうがいいことや、人から期待されていることを優先させます。

これでは、やりたいことからどんどん遠ざかるばかりです。

以上はHSPのことですが、HSCも同様の傾向があります。

子どもの「やりたいこと」と「才能」との関係を把握しよう

すべての子どもに才能があり、さまざまな可能性があります。もちろん、HSCにはHSCの才能があります。

ただしHSCの場合は、その才能を自信につなげることができない理由が非HSCとは少し違うので、知っておく必要があります。

その理由とは、HSPと同じように、一人でどんどん結論づけてやりたいことや才能から遠ざかる行動を取ってしまうことです。

だからこそ、何かに突出して優れていたり賞を獲ったりするというようなわかりやすい表れ方をしなくても、「この子には才能がないんだ」と思う必要はありません。才能には、他者に評価されるようなものだけでなく、小さな才能もあるからです。

HSCは、他の人が目をつけないようなことに面白味を見いだせる才能もあります。そうした**独自の観点を持っていることを親が評価できると、才能を伸ばしやすい**でしょう。

私は3人の子育てを経験して、幼少期に驚くような才能の片鱗を目撃したことがありました。1人の子どもが1歳のとき、難易度の高いパズルを短時間にさーっと並べているのを見たのです。「これは天才かもしれない！」と期待したのですが、2歳になると、子どもはパズルに見向きもしなくなりました。

もったいないと思って「パズル得意でしょう？　やりなよ」「せっかくできるのに……」と促してもそっぽを向いてしまい、結局パズルには一切触らなくなってしまいました。

このときに、「これは才能だ！」「絶対に続けさせないと！」と無理にやらせると、子どもの意思とのズレが生まれてしまいます。

わが子は、あるときからパズルに興味をなくしましたが、そしてそれは親にとっては少し残念なことではありますが、彼の選択であり、親はその選択を尊重するしかないのですね。

彼らの選択を見守っていてあげてください。

やりたいことと才能が一致しない場合、両方やらせてみる

子どもがやりたいことを見つけた場合、親はどうすべきでしょうか。

その答えは、**黙って見守る**ことです。「声かけ」がテーマの本なのに？　と思われるかもしれませんが、実は、**HSCには声をかけないほうがいい場合も多々あります。見られ**

ていることを負担に思う場合もあるので、そのときは、黙って見て見ぬフリをしながら待つしかありません。

やりたいことと才能が一致しない場合

やりたいことと才能が一致しない場合には、**好きなほうを選ぶか、または両方やってみてください。**

親の声かけとしては、「両方やってみる?」と言ってあげられればベストです。お金や時間が許す範囲でやらせてあげてください。

親が子どもの気持ちを肯定して見守っていれば、いずれ子どもは自然にどちらかを選びます。

自分の力を信じられる「自己肯定感」を育む声かけ

食べられないなら食べなくていいよ

←

匂いがイヤなんだね、どうすればいいか一緒に考えてみよう

POINT

無理にポジティブな面を強調せず、実況中継する

人生を切り拓くための心の土台

ＨＳＣの子どもが才能を発揮し、のびのびと生きるためには、**「自分の存在を受け入れて生きる」という〝心の土台〟が不可欠**です。

ここでは、ＨＳＣにとっての心の土台についてお話しします。

自己肯定感と言うと、自分の存在を好きになり肯定するという、積極的なアクションが必要なもののように感じるかもしれませんが、ＨＳＣにとっては違うと私は考えています。

ＨＳＣにとっての土台は、一般的なイメージで言う「自信」とは少し異なります。**なんらかの欠点があっても自分は自分でいいと〝受け入れられる〟気持ち**です。

自己肯定感（自己受容感）は心の土台とも言えるものです。

この土台がしっかりとある子どもは、どんなことがあっても最後の最後で自分を信用していられます。

では、どうやってHSCの自己肯定感を育てればいいのでしょう。ここが皆さんの知りたいポイントだと思います。

「何より、親が褒めることが大切だ」という人もいます。もちろんとても重要なことで、近年の「褒めて育てる」教育のベースになっています。

ただ**気をつけたいのは、「子どもの長所を褒めるばかりで、短所は認めない」という点**です。

あなただって、自分の長所は受け入れてくれるけれど、短所は受け入れてくれない、またはは短所があってもなかったことにするような人とは、安心して一緒にいられないですよ

「どんなあなたでも受け入れるよ」のメッセージを伝える

ね。受け入れてくれているとも実感できないはずです。

いいところも悪いところもあるよね、でもお父さんやお母さんはそのままのあなたを丸ごと受け入れるよ――こんなメッセージが大切なのです。

HSCは自己肯定感が低くなりがち

HSCは自己肯定感が低くなりがちです。

彼らは、周囲の空気や周りの人々の様子を把握できます。そのぶん、自分と周囲とのズレにハッと気づき、動揺して止まってしまいます。他人と自分を比べてどんどん落ち込み、「自分はみんなと違う」とダメ出しする傾向があるからです。

誰かが「どうしたの？」とHSCの動揺に気づいたなら、「平気。なんでもない」と表面的には平静を装いますが、心の中では、動揺はさらに大きくなっています。

私は、幼稚園のときにお弁当が食べられない時期が長く続きました。なぜ食べられなかったのか、今でもよくわかりません。どんなにおかずを小さくしてもらっても、好きなものを入れてもらっても、お弁当の匂いを嗅ぐと「ウッ」となってしまうのです。

先生にも「どうしたの？　なんで食べられないか言ってごらん」と聞かれましたが、自分でも理解できないので答えられませんでした。

さらに、「あの子は何か問題でもあるのか」という目で見られたり、「お弁当を食べないなんておかしい」「決まりから逃げるな」などと言われたりすると、「ああ……私ってなんだかダメなのかも」と思ってしまうのです。自己肯定など全くできないままでした。

自己肯定感は年齢によっても変化する

年齢によっても、自己肯定感の持ち方は変わってきます。

最初のターニングポイントは3～4歳です。保育園や幼稚園に通い出し、初めて集団に混じるようになると、ＨＳＣは自分と周りとの違いに驚きます。

そこで、みんなから浮かないように、「今ここで泣いたらダメなんだ」「イヤな気持ちを隠さなきゃ」と、自分にルールを課しながら適合する過程が始まります。

10歳になると、「世の中に打ち出す自分のキャラクターはこれでいこう」という自分のキャラクターづくりが始まります。うまくいくと、そのキャラクターがハマることもありますが、うまくいかなければ、また新しくキャラクターをつくり替えていきます。特に、周囲の人たちの顔ぶれが変わるタイミングでキャラクターを変更してみようと試みることが多いです。

私は10歳のとき、「優しくて親切で、気が利いて穏やかで、成績優秀」というキャラクターを一度つくりました。うまく周囲にハマっていたのですが、進学した高校でそれが通用しなくなってしまいました。そこで一度キャラをつくり替えました。大学入学時も、社会人になったときも変えています。そして、自分で自分の欠点や弱点を受け入れられるようになったときにやっと、キャラを変える必要がなくなりました。40代の頃のことです。

このようにHSCは、**周囲に適合するために表面的な人物設定（キャラクター）を変えつつ探っているよう**なところがあります。**周囲に受容されれば自己受容し、自己肯定できると考えるため**です。このようなHSCの考え方を知っておけば、親も必要に応じて手助けすることができるでしょう。

ネガティブな感情を受け入れる声かけを

話を少し戻しましょう。昼休みにお弁当を食べられなかった私は、どうなったでしょうか。

母は、お弁当箱を小さくする、好きなおかずしか入れない、などの対策を取りました。先生も事情をわかっているので、「おいしそうなお弁当だね」と声をかけてくれたり、「これが終わったらお歌を歌いましょうね」と気を逸らしたりしてくれたのを覚えています。

それでも私は、相変わらずお弁当が食べられませんでした。お弁当の匂いで気持ち悪くなってしまうのは、変わらなかったからです。「ほら、大好きな唐揚げが入ってるよ。唐揚げ好きでしょう？　食べようよ」と言われても、私は「おいしいかもしれないけど、食べられない」と堂々巡りです。

物事のポジティブな面を強調したり、気を逸らしたりすることは、あまりおすすめしません。根本的な問題はそのままですし、子どもはそれを理解しています。

そして、あれこれ言われると子どもはパニックになってしまいますし、ネガティブな気持ちを認めないということは、**ネガティブな気持ちを抱いている子ども自身を受け入れないというメッセージにもなってしまいます**。

では、周囲はどうすればいいのでしょうか。

- **ステップ1**：「そっか、お弁当を食べるのがイヤなんだね」と気持ちに共感する
- **ステップ2**：「何がイヤなのかな？　できればお母さんに言ってみて」と、具体的な内容を聞く
- **ステップ3**：子どもが、匂いがイヤだと言うならば、「そっか、匂いがイヤなんだね」とオウム返しする

このステップ1だけでも、子どもは「自分のことを受け止めてくれている」と感じます。

そのうえで、「お母さんはあなたのことを悪い子だと思っているわけじゃないんだよ。助けたいんだよ」「どうしたらいいか、一緒に考えてみよう」と伝えれば、子どもも「お

母さんは自分を理解しようとしてくれているんだ」とわかるのです。

「お弁当がイヤなんだよね」という共感が、どれだけHSCにとって救いになるか。

子どもがなんらかのネガティブな感情を抱えていても、それを**打ち消すことなく、「何か理由があるんだよね」と受け止めてあげる**ことが何よりも大切です。

「自己防衛のワーク」は自己を受容するにも有効

HSCの心の中には、「自分のことは好きだけど、嫌いでもある」という相反する感情があるので、HSCが本当に自分を肯定するには、一般とは異なる作業が必要になります。

大切なのは、自己受容です。**ネガティブな気持ちを持っている自分、弱点のある自分、イヤな自分も「了解する」**という作業です。具体的にはどうすればいいでしょうか？

178ページの「自己防衛のワーク」を思い出してください。

誰かに指摘されるとイヤな気持ちがする自分の弱点をあらかじめ書き出してわかってお

けば、他者に言われても動揺しづらくなるというものでしたね。

このように、弱点が自分にあることを受け入れるのは、自己受容を促すことにもなります。HSCが自分を肯定するには、自分が否定したい自分も了解するプロセスが有効です。だからこそ、否定したい部分を自覚するために書き出すのです。

「そんな自分もあるんだな」「自分自身に嫌いなところがあるってこと、自分はわかってる」という了解があると、できるようになります。


こうした問題が起こってくるのは小学生でも高学年になってからですが、自分一人でやるのは難しいので、親が会話の中でワークをできるようにリードしてみましょう。

ただし、「なんて書いたの?」とワークを強引に見てはいけません。親にも見られたくない本心を書くというワークなので、見るとわかっていたら本心が書けず全く意味がなくなってしまうからです。


ちなみに、この自己防衛のワークは、大人になって自らの人生に行き詰まったときに実践するのでも遅くはありません。

子どもの「やりたい」を叶えて成功体験にするコツ

自分を受け入れるには、成功体験を積ませるのが効果的

ＨＳＣが自分を受け入れ、認められるようになるには、**成功体験を積ませる**のが効果的です。

一般的に成功体験というと、何かを「できる」ことで、周囲に認められたり称賛されたりして自信を持つことを指しますが、ＨＳＣにとっての成功体験は少し違います。

周囲と自分が違うということを、自分（も周り）も受け止めつつ、社会に認められるスキルを発揮するということが、ＨＳＣにとっての成功体験です。

やれることが増えると、子どもの自信につながる

慎重で不安になりやすいＨＳＣ。考えを巡らせるのが得意なので、最悪の予測もします。そのため、彼らにとって何かに挑戦するということは、非ＨＳＣよりも心のハードルが高くなってしまいます。いつも無意識に「うまくいかなかったらどうしよう」「怖い思いはしたくない」と、グルグルと予測が渦巻くからです。

ですが、挑戦したり体験したりすることはとても大切です。何かを体験すれば人生経験が増えますし、「やってみたら大したことなかったなあ」と思えることも多いですよね。そうした百聞は一見に如かずの体験は、予測力が高いＨＳＣにとって次の挑戦のハードルを下げてくれます。**一つのことができると、「次もできる」と自分を信じられる**からです。

そして単純に、やれることが増えるというのは、子どもの自信につながります。

その繰り返しで子どもの能力が大きく花開いたら嬉しいですよね。

私の場合は、小学生のときに塾で先取り勉強をしていました。そのため、学校の授業で先生が話すことは常に「あ、それ知ってる」という感覚でした。

学習面で余裕があるということは、勉強ができること以上に、何かと自信を失いがちなHSCにとって大きなアドバンテージになりました。特に、勉強ができると先生からの信頼も高くなり、クラスメイトから「すごい」と一目置かれるようにもなります。

そして、「これができたから、あれもできるだろう」と、物事に対して前向きな気持ちが生まれます。そのおかげで、集団生活は苦手でしたが、なんとか小さな休息を繰り返して学校生活を送ることができました。

先取り学習は、学校の授業がつまらなく感じてしまうという意味では、必ずしもいい面ばかりとも言えませんが、HSCがやってみたいと思ったことは、可能な範囲でどんなことでもやらせてあげてみてください。

そのためにも、普段から子どもの考えを否定せずに聴くようにして、時々「興味があるものが見つかったら、お父さんやお母さんに言ってね」などと伝えておくのもいいでしょう。

ＨＳＣの挑戦が花開くためには、「安心感」がキーワード

とはいえ、ＨＳＣは慎重なので、何かに挑戦するまでに時間がありすぎると、脳内でその場面を何度もシミュレーションして不安を募らせ、不安のあまり「やめたい」と言ってくることがあります。先読みをして挑戦を躊躇してしまうのです。

そのため親は、**ＨＳＣにどのタイミングで伝えるのかを、慎重に計ったほうがよい**でしょう。不安に陥る余地がなければ、力を発揮しやすくなります。私は子どもの様子を見て伝えるタイミングを計り、当日の朝、車に乗ってから予定を伝えたこともありました。

その子によって適切なタイミングがあるので、様子を見ながら判断してください。

コンクールのようにあらかじめ準備が必要である場合は、動画を見せて楽しいイメージをつかませるというような工夫も有効です。他には、友達が楽しく準備している様子を見せたり、関係者と話をしてみたり、発表する場所に何回か足を運んでみたりするのもおす

すめです。

よく、入学試験前に志望校を見学したり、道順を確認したりする学生がいますよね。どんな場所なのかを具体的に知っておくとイメージしやすく、緊張度合いが下がることが考えられるので、安心感につながります。事前にその場所に行ってみるというのは、それと同じ効果があるのです。

HSCの挑戦をサポートするには、この「安心感」をいかに持たせてあげられるかが鍵になります。

よく知った安心できる場所であれば、「深く考える」というHSCの特性が活かされ、自然と好きなことを探求し、挑戦することができるでしょう。

子ども繊細さんが自立するためのステップ

自立の「準備」は少しずつステップを踏む

HSCを育てるうえで、最終的な目標はなんだと思いますか？

それは、自分の課題を解決しながら自分の力で生きる力をつけること。つまり、精神的にも経済的にも自立をさせることです。

そのための準備として、次のステップを踏んでみてください。

①子どものプライバシーを守れる場所をつくる

年齢にもよりますが、子どもには専用の部屋か壁などで仕切られたスペースを与えてあげてください。**「ここはあなたがコントロールできる空間だから、好きにしていいよ。だけど、整理整頓や掃除も自分でする必要があるよ」**と伝えましょう。

親は、子どものプライバシーを守らなければなりません。部屋に入るときはノックをし、勝手に入ったり、ましてや引き出しの中を漁ったりといった行為はやめましょう。

ただし、**ある程度のルールは話し合って設定**しても構いません。掃除は金曜日にする、部屋におやつを持ち込まない、ゲームはリビングでするなどといったことです。

何よりも、自分を守れる空間があることはHSCにとって救いになります。誰にも邪魔されず、心身を休息させられるからです。

一方で、子どもが親の部屋に入る際にも、ノックさせるようにしましょう。**お互いにプライバシーがあるということを、身をもって学んでもらえる**ベースを家庭で培えます。

②子ども自身が「できること」を増やす

これは思春期以降の話になりますが、なんでもかんでも親が先取りしてやってしまわず、

少しずつ子どもにやらせていくことが大切でしょう。

片づけや掃除、洗濯や料理などの家事のうちどれか一つでいいので、徐々に子どもに教えていきます。

そして、掃除や片づけをサボっても、最低限の注意をするだけでうるさく言わないようにしましょう。子どもに責任感を持たせることは、**「サボったら自分にツケが回ってくる」と実感させる**ことでもあります。一進一退で身につけていくにしても、できることが増えるのは子どもにとっても自信につながります。


自立の準備は、非HSCよりも時間がかかると思います。

8割の非HSP（非HSC）が多数派として基準となりやすい社会で、HSCは少数派です。頑張っても、社会で通用している一般的な通念になかなか適合できなくて意欲をくじいたり、自分を信じられなくなったり、社会に背を向けたくなったりするかもしれません。先読みをしすぎて、変化に向けてなかなか行動に移せないこともあるでしょう。

この場合、親としてはただ話を聞くことしかできません。過保護に子どもを守ったり、あるいは無理やり背中を押したりせず、「そうだね」と受け入れてあげてください。

子どもが自立すれば、親子の関係はもっと深まる

以前、ある有名な教育家の方が、「親は子どもに対して手出し口出しをせず、ただ見守るということが大事だ」と話していました。「何もせず見守りなさい」と言っても、「それは放置なのでは？」と驚く親御さんが多いそうです。

親はどうしても、子どものやることにダメ出しや指示をしてしまいがちです。生まれたときから指示をされていたとしたら、最初は疑問を持たずに親の指示に従います。しかし、成長するとだんだんと自分のやりたいようにやらせてほしいと思うようになり、口出ししてくる親に反発心が生まれます。そのため、「これ以上言ったら、子どもはしつこいと思うだろうなあ」というところで止めるようにしましょう。

これは、放置ではありません。

親は、変化していく子どもの姿に合わせて言葉のかけ方を変えていく必要があるのです。

おわりに

ここまでお読みいただき、本当にありがとうございました。

ＨＳＣに関連する書籍は世の中にたくさんありますが、この本では彼らへの「声かけ」をテーマに、ＨＳＣが本来持っている豊かな感性や才能を活かす方法をお伝えしました。

この本を手にされた方の多くは、ＨＳＰ（Highly Sensitive Person）であり、その中でも特にＨＳＣ（Highly Sensitive Child）であるお子さんを育てる親御さんではないかと思っています。子どもの育て方について、他の親とは違う悩みや不安を抱えている方が多いことでしょう。

これまでＨＳＳ型ＨＳＰの方々をカウンセリングしてきた中で、特にＨＳＣを育てることに不安を感じている親御さんから、強い不安や苦悩を相談される機会が多々ありました。

この本は、そういった声に応えたいという思いから書きました。いかがでしたか？

私は3人の子どもを育ててきました。そのうち2人はおそらくHSP（かつてはHSC）で、1人は非HSPです。

育児において、どう接すればいいのか最初からわかっていたわけではなく、実際には試行錯誤の連続でした。とても数多くの恥ずかしい体験をしましたし、子どもに口をきいてもらえなくなってしまったこともありました。

私はいつも子どもたちの些細な行動にガミガミ怒ってばかりいましたし、そんな私に夫はどうしたらいいかわからないという表情をしていました。

私の子育ては、「壁にぶつかる」とか「失敗」なんて言葉では言い表せないほど、もっと生々しく、自分をズタズタにする体験でした。それでも、仕事はやめられますが、子育てはやめられません。なので、どうしたらいいかを考え続けました。

そんな私にとって大きな転機となったのが、本書でご紹介した**「子どもへの正しい接し方を知る」**ということだったのです。その原則を使いこなせるようになっていくと、日常生活や家族との交流の仕方、そして家族全体の関係性に大きな変化をもたらしました。

それまで私は、子どもが困らないように先回りしていろいろなことをやってあげていましたが、子どもへの正しい接し方にならって、彼らが私に「やってほしい」と言ってきたときにはじめて動くようにしました。

すると、子どもたちは私に言葉で伝えるようになり、私は「自分は察してあげなければならない」「そうしないといい母とは言えない」という信念から解放されました。それと同時に、子どもたちの前で無駄な緊張をしなくてもすむようになりました。自然体で、ゆるやかになっていったのです。

それからやっと、子どもたちの言うことを「聴ける」ようになりました。彼らが何を感じて何を考えているのかを落ち着いて聞いていくと、子どもたち自身が、「自分はどう行動しようか」を考えて、判断するようになっていきました。そして、そうした判断を私は「待っていられる」ようになったのです。

すると、今度は私のほうが子どもたちを信頼できるようになり、「きっと子どもたちは自分で決められるから」と余計な口出しをしなくなりました。それにより時間もできたことで、子どもの成長と共に、生活を自分のやりたいことや仕事に重心を置いて切り替えられるようになっていきました。

これは、自分の時間を確保したいＨＳＰの親にとっては、特に必要な変化になるでしょう。ＨＳＰは、子どもや家族も大切ですが、自分一人で思うように動く時間や途切れずに集中する時間が必要だからです。

私がこのように子どもへの接し方を正しいものに変えてから10年以上がたちますが、やり続ける中で気づいたことは、同じ言葉でも子どもによって反応が違うということです。**それぞれの子どもが持つ個性や成長の段階に応じて、言葉の伝わり方や影響が異なる**のです。また、３人に同じように声かけをしても、子どもたちは全く別の方向を目指して成長していきました。

これは、親が子どもに方向性を示すのではなく、子ども自身が持つ力を引き出し、その力を伸びたい方向に伸ばす手助けをすることが大切だということを教えてくれた、貴重で心強い経験になりました。

ＨＳＣはその敏感な特性ゆえに、人からどう思われるか気になって本音を言えなかったり、自分をうまく表現できなかったりします。結果として自分でも自分を受け入れられないまま大人になり、そのことに悩んでいる人はたくさんいます。

しかし、もしHSCの周りに、繊細な感性を「変わった子」と批判せずに「そうなんだね」「そう感じるんだね」と受け入れてくれる人がいたら、子どもも「自分はこのままでいいんだ」と思えるのです。

親御さんのどちらか片方でもいいので、お子さんが「親は自分を信頼してくれているのかもな」と少しでも思えるような関係性を築ければ、自分を信用して生きていける支えになるのではないでしょうか。

子育てをする親御さんは実感していると思いますが、子育てにはゴールがありません。

いい学校に入ったから、いい会社に就職したから成功したというわけでもないですよね。

じゃあ何が成功なのだろう？　と考えたとき、私はこう答えを出しました。

子どもが「こんなこと、お父さんやお母さんに言っていいのかな」と思うようなことを親に話したとき、親が「うん、そうか」と頷いてくれた。自分の話を黙って聞いてくれた。それによって、子どもが「自分自身が受け入れられた」と感じたその瞬間に、子育ての一つの成功があるのではないか、と。

そのように感じた子どもは、きっと自らの翼で、のびのびと羽ばたいていけるでしょう。

5人に1人がHSCだといわれています。彼らが持っている特性や感性、才能を社会が理解して活かすことができれば、より豊かな社会を築くことができると信じています。HSCの特性というのは、それほどの力が秘められていると思うのです。

もしこの本が、HSCやその周囲の人たちにとって、特性に対する理解が深まり、生きづらさを解消できる助けとなるのであれば、これ以上に嬉しいことはありません。

最後に、本書に関わってくださった方全員に心からの感謝を捧げます。

これからも、HSP・HSC、そしてHSS型HSPに関する理解を促す活動を続けていくつもりです。

また皆さまにお会いできるのを楽しみに、ここに筆を擱《お》くことといたします。

2024年12月吉日

時田ひさ子

参考文献

明橋大二 . (2018). HSC の子育てハッピーアドバイス . 1 万年堂出版 .

Aron, E. N. (2002). The highly sensitive child: A comprehensive parenting guide for raising confident and capable children. Thorsons.

クーパー , T. (2022). 傷つきやすいのに刺激を求める人たち . 長沼睦雄 (監修), 時田ひさ子 (監訳). フォレスト出版 .

ゴードン , T. (1998). 親業：子どもの考える力をのばす親子関係のつくり方 [Parent Effectiveness Training: Developing a Parent-Child Relationship That Fosters Independent Thinking in Children] (近藤千恵 , Trans.) . 大和書房 . (Original work published 1970).

堀越勝 , & 野村俊明 . (2012). 精神療法の基本 : 支持から認知行動療法まで . 医学書院 .

岩井俊憲 . (2021). アドラー心理学 : 愛と勇気づけの子育て . 方丈社 .

熊上崇, 星井純子, & 熊上藤子 . (2020). 子どもの心理検査・知能検査 : 保護者と先生のための 100% 活用ブック . 合同出版 .

串崎真志 . (2020). 繊細な心の科学 : HSP 入門 . 風間書房 .

長沼睦雄 . (2017). 子どもの敏感さに困ったら読む本 . 誠文堂新光社 .

文部科学省 . (2022). 令和 4 年度児童生徒の問題行動・不登校等生徒指導上の諸課題に関する調査結果 .

武田友紀 . (2018).「繊細さん」の本 . 飛鳥新社 .

Ted Zeff, PH. D. (2010). The Strong Sensitive Boy. Prana Publishing.

著者略歴
時田ひさ子（ときた・ひさこ）

HSS型HSP専門心理カウンセラー
合同会社HSP/HSS LABO代表社員。早稲田大学文学部心理学専修卒業。生きづらさ研究歴は、高校時代よりおよそ40年。生きづらさを解消するヒントを得るために大学で心理学を学ぶ。その後、思春期の子どもとの関係を改善するために、アドラー心理学、認知行動療法、フォーカシング、ヒプノセラピー、民間の手法など多数の心を取り扱う方法を学んだものの、自身の生きづらさの完全解明にはつながらなかった。ネット検索中に、自分が繊細で凹みやすいと同時に好奇心旺盛なHSS型HSPであることに気づき、生きづらさの理由がHSS型HSPの特性に由来するとわかる。心理カウンセラーとして、HSS型HSPへのカウンセリングをのべ1万5000時間実施。講座受講生からのメール、LINEのやりとりは月100時間以上。現在、大学院の修士課程で臨床心理学を学んでいる。
著書に、『かくれ繊細さんの「やりたいこと」の見つけ方』（あさ出版）、『その生きづらさ、「かくれ繊細さん」かもしれません』（フォレスト出版）などがある。

敏感《びんかん》な子《こ》どもへの伝《つた》え方《かた》・距離感《きょりかん》・接《せっ》し方《かた》がわかる！
「子《こ》ども繊細《せんさい》さん」への声《こえ》かけ

2025年1月17日　初版第1刷発行

著　者　時田《ときた》ひさ子《こ》
発行者　出井貴完
発行所　SBクリエイティブ株式会社
〒105-0001　東京都港区虎ノ門2-2-1
編集協力　岡本茉衣
ブックデザイン　藤塚尚子
ブックイラスト　ヤギワタル
D T P　株式会社キャップス
校　正　株式会社鷗来堂
編　集　石島彩衣（SBクリエイティブ）
印刷・製本　中央精版印刷株式会社

本書をお読みになったご意見・ご感想を
下記URL、またはQRコードよりお寄せください。
https://isbn2.sbcr.jp/27645/

ISBN978-4-8156-2764-5